1807

W0194820

Das Buch | Was ist eine Kaltmamsell? Ist der Feinschmecker ein Gourmand, ein Gourmet, ein Bonvivant oder ein Sommelier? Wie nennen die Berliner den Berliner? Und wer war eigentlich die ursprüngliche treulose Tomate? Zum dritten Mal lädt Bestsellerautor Bastian Sick zum großen Deutschtest, und wieder wartet er nur mit den erlesensten und spannendsten Fragen auf. Manche sind leicht, manche sind schwer, die Antworten jedoch sind ausnahmslos immer faszinierend! Kurioses, Kniffliges und Humorvolles – rund um Wortschatz, Grammatik, Rechtschreibung oder Sprachgeschichte – lösen Aha-Momente aus und führen zu neuen Perspektiven auf die deutsche Sprache. Und manchmal auch zur Aufklärung des ein oder anderen verbreiteten Missverständnisses. Hätten Sie es schon vorher gewusst? Finden Sie es heraus! Ein Quiz mit Witz und Verstand sowie mit lustigen Illustrationen und neuen Exemplaren der legendären Sick'schen Fundstücke.

Der Autor | Bastian Sick, geboren in Lübeck, studierte Geschichtswissenschaft und Romanistik. Während seines Studiums arbeitete er als Korrektor für den Hamburger Carlsen-Verlag. 1995 wurde er Dokumentationsjournalist beim SPIEGEL, 1999 wechselte er in die Redaktion von SPIEGEL ONLINE. Dort schrieb er ab 2003 die Sprachkolumne »Zwiebelfisch«. Aus diesen heiteren Geschichten über die deutsche Sprache wurde die Buchreihe »Der Dativ ist dem Genitiv sein Tod«. Es folgten zahlreiche Fernsehauftritte und eine Lesereise, die in der »größten Deutschstunde der Welt« gipfelte, zu der 15 000 Menschen in die Köln-Arena strömten. Seitdem war Bastian Sick mehrmals mit Bühnenprogrammen auf Tournee, in denen er eine neuartige Mischung aus Lesung, Kabarett und Quizshow präsentierte. In vierzehn Jahren schrieb er vierzehn Bücher. Bastian Sick lebt und arbeitet in Hamburg und in Niendorf an der Ostsee.

Weitere Titel bei Kiepenheuer & Witsch | »Der Dativ ist dem Genitiv sein Tod. Ein Wegweiser durch den Irrgarten der deutschen Sprache«, KiWi 863, 2004. »Der Dativ ist dem Genitiv sein Tod – Folge 2. Neues aus dem Irrgarten der deutschen Sprache«, KiWi 900, 2005. »Der Dativ ist dem Genitiv sein Tod – Folge 3. Noch mehr Neues aus dem Irrgarten der deutschen Sprache«, KiWi 958, 2006. »Happy Aua. Ein Bilderbuch aus dem Irrgarten der deutschen Sprache«, KiWi 996, 2007. »Zu wahr, um schön zu sein. Verdrehte Sprichwörter – 16 Postkarten«, KiWi 1050, 2008. »Happy Aua 2. Ein Bilderbuch aus dem Irrgarten der deutschen Sprache«, KiWi 1065, 2008. »Der Dativ ist dem Genitiv sein Tod – Folge 1–3 in einem Band. Ein Wegweiser durch den Irrgarten der deutschen Sprache«, KiWi 1072, 2008. »Der Dativ ist dem Genitiv sein Tod – Folge 4. Das Allerneueste aus dem Irrgarten der deutschen Sprache«, KiWi 1134, 2009. »Hier ist Spaß gratiniert. Ein Bilderbuch aus dem Irrgarten der deutschen Sprache«, KiWi 1163, 2010. »Wie gut ist Ihr Deutsch? Der große Test«, KiWi 1233, 2011. »Der Dativ ist dem Genitiv sein Tod – Folge 5«, KiWi 1312, 2013. »Wir braten Sie gern! Ein Bilderbuch aus dem Irrgarten der deutschen Sprache«, KiWi 1346, 2013. »Füllen Sie sich wie zu Hause. Ein Bilderbuch aus dem Irrgarten der deutschen Sprache«, KiWi 1410, 2014. »Der Dativ ist dem Genitiv sein Tod – Folge 6«, KiWi 1450, 2015. »Speck, lass nach! Verdrehte Sprichwörter – 16 Postkarten«, KiWi 1519, 2016. »Der Dativ ist dem Genitiv sein Tod – Folge 4–6 in einem Band. Ein Wegweiser durch den Irrgarten der deutschen Sprache«, KiWi 1532, 2016. »Schlagen Sie dem Teufel ein Schnäppchen! Ein Bilderbuch aus dem Irrgarten der deutschen Sprache«, KiWi 1538, 2017. »Wie gut ist Ihr Deutsch? 2. Der neue große Test«, KiWi 1663, 2019.

BASTIAN SICK

Wie gut ist Ihr Deutsch? **3**

Dem großen Test sein dritter Teil

Mit Illustrationen von
Katharina M. Ratjen

Kiepenheuer
& Witsch

Aus Verantwortung für die Umwelt hat sich der
Verlag Kiepenheuer & Witsch zu einer nachhaltigen
Buchproduktion verpflichtet. Der bewusste Umgang
mit unseren Ressourcen, der Schutz unseres Klimas
und der Natur gehören zu unseren obersten Unter-
nehmenszielen.

Gemeinsam mit unseren Partnern und Lieferanten
setzen wir uns für eine klimaneutrale Buchproduktion ein, die den Erwerb von Klimazertifikaten zur
Kompensation des CO_2-Ausstoßes einschließt.

Weitere Informationen finden Sie unter
www.klimaneutralerverlag.de

Verlag Kiepenheuer & Witsch, FSC-N001512

1. Auflage 2021 (15.000 Exemplare)

Covergestaltung Barbara Thoben, Köln
Covermotiv Till Gläser
Illustrationen Katharina M. Ratjen
Gesetzt aus der Abril Display und der DIN Next
Satz Wilhelm Vornehm, München
Druck und Bindung CPI books GmbH, Leck
ISBN 978-3-462-00131-0

INHALT

DAS VORWORT

Liebe Leserinnen und Leser,

willkommen zu einem weiteren großen Quiz rund um die deutsche Sprache, bei dem es wieder gilt, zahlreiche harte Nüsse zu knacken. Machen Sie sich auf einige Überraschungen gefasst! Es ist der dritte Band meiner Deutsch-test-Reihe, was aber nicht bedeutet, dass Sie die vorangegangenen Bände gelesen haben müssen, um diesen Test bestreiten zu können. Insgesamt 200 Fragen warten auf Sie, unterteilt in zehn Runden. Ob Sie sich Runde für Runde vorarbeiten oder sich den Test im Ganzen vornehmen, bleibt Ihnen überlassen. Wenn es Sie drängt, nach jeder Frage gleich die Lösung nachzuschlagen, dann geben Sie nur acht, dass Ihr Auge dabei nicht gleich die Lösungen der folgenden Fragen mit erfasst, denn damit brächten Sie sich um das Vergnügen der eigenen Antwortsuche.

Dieses Buch entstand während der sogenannten Corona-Pandemie, einer Zeit besonderer Belastungen für uns alle. Viele Eltern wurden vor große Herausforderungen gestellt, indem sie ihren Alltag mit häuslicher Büroarbeit bei gleichzeitiger Kinderbetreuung neu organisieren mussten. Reisen und Besuche waren nur eingeschränkt möglich, Veranstaltungen gar nicht mehr. Das betraf auch meine für 2020 und 2021 geplanten Lesungen, die allesamt abgesagt oder verschoben werden mussten. So blieb mir viel Zeit für die Auswahl neuer Fragen und die Suche nach Antworten. Nicht selten wurden die Recherchen dabei zu einer spannenden Entdeckungsreise, die mich die Enge und Zwänge der Corona-Beschränkungen zeitweilig vergessen ließ.

Und diese Reise ist für mich noch lange nicht zu Ende, daher nehme ich auch nicht für mich in Anspruch, in meinen Büchern der Weisheit letzten Schluss zu verkünden. Die Rolle des Unfehlbaren im Wissen um Richtig oder Falsch überlasse ich lieber meinem Freund Henry, den viele meiner Leser bereits aus den Büchern »Der Dativ ist dem Genitiv sein Tod« kennen. Er wird Sie im Folgenden zu einem ritterlichen Wettstreit herausfordern, an dessen Ende Sie fürstlich – oder besser gesagt: gräflich – belohnt werden sollen. Von mir gibt es an dieser Stelle vor allem Dank: an meine Leser, die mir über viele Jahre und Bücher die Treue gehalten haben, und an all jene in meinem Verlag und in meiner Familie, die meine Arbeit mit Anregungen, Kritik und Fantasie unterstützt haben.

Besonderer Dank gilt meiner ehemaligen Mitarbeiterin Katharina M. Ratjen, die trotz ihrer Verpflichtungen als Mutter zweier Kinder die Zeit gefunden hat, für dieses Buch erneut eine ganze Reihe liebevoller Illustrationen beizusteuern. Dadurch ist es wieder schön bunt geworden, so bunt wie auch die Auswahl der Fragen, bei deren Lösung ich Ihnen nun recht viel Vergnügen wünsche.

Bastian Sick
Niendorf/Ostsee, im Juni 2021

Seid gegrüßt,

Ihr wackeren Recken und Reckinnen der deutschen Sprache!

Vernehmt, was Graf Henry von Casparius, kühner Streiter im Kampfe um das treffende Wort, Euch zu sagen hat. Viel zu lange schon wähnt er sich ungeschlagen auf den Gebieten der Wortwahl, der Formenlehre, der Rechtschreibung und der Zeichensetzung. Daher fordert er Euch zu einem Wettstreit heraus. Ein jeder, der sein Schwert im Ausdruck präzise zu führen versteht und dessen Pfeile bei der Wortwahl stets ins Schwarze treffen, soll daran teilnehmen! Zeigt dem Grafen, dass Euch knifflige Fragen nicht schrecken können und dass Euch die Zweifelsfälle der deutschen Sprache nicht verzweifeln lassen.

In zehn Runden gilt es, sich Herausforderungen aus allen Gebieten der Sprache zu stellen: Fragen über die rechte Schreibung, das passende Zeichen am rechten Platz, über die Bedeutung fremder Wörter, über den treffenden Ausdruck, über Veraltetes und immer noch Gültiges, über geflügelte Worte und stehende Wendungen und über wesentliche Werke der Literatur. Gebt Euren Rössern die Sporen und sprengt hinein in den Irrgarten der Sprache, lichtet das Dickicht und sammelt für jede richtige Antwort einen Punkt. Nehmt Euch vor Schlingpflanzen und Baumwurzeln in Acht und lasst Euch von den Waldgeistern, die Euch falsche Antworten einflüstern wollen, nicht beirren!

Am Ende sollt Ihr belohnt werden, denn der Graf hat 13 Ämter zu vergeben. Vom Kellermeister der deutschen Sprache über den Ombudsmann der Orthografie, den Mundschenk der gepfefferten Rede bis zum Zunftmeister der Wortzauberer. Also kommt, kommet alle! Kommata zuhauf, und nehmt es mit dem Grafen auf!

Kategorien:

Sprachlehre

Wortschatz

Zeichensetzung

Rechtschreibung

Fremdwörter

Literatur

Redewendungen

Sprachgeschichte

Mix

DIE FRAGEN

Willkommen zur Schlacht am kalten Boufette!
Nein, so heißt es sicherlich nicht.
Wobei man das Wort – darauf jede Wette –
nicht ganz so schreibt, wie man es spricht.

Die erste Runde ist sicher noch leicht,
doch »leicht« ist stets relativ.
Denn wer glaubt, das Ufer sei spielend erreicht,
versinkt hier womöglich knietief.

QUIZRUNDE

1

1

Heike und Olli lieben All-inclusive-Reisen. Die meiste Zeit verbringen sie am ...

a Büffet
b Büfet
c Büfett
✗ Bufett

2

Eine Frage nicht nur für Hitzköpfe und Heißsporne: Was ist eine Kaltmamsell?

✗ eine kalte Süßspeise (Vanillepudding mit Früchten)
b eine Köchin für die Zubereitung kalter Speisen
c eine Bezeichnung für die fünfte der Eisheiligen
d eine besonders strenge Anstandsdame

3

Und da soll man nicht närrisch werden? In dreien dieser Redewendungen ist sprichwörtlich der Wurm drin. Nur eine ist korrekt. Welche?

a Ein Glaube ohne Tat ist ein Feld ohne Salat.
b Narrenhände verzieren Tisch und Wände.
c Unter den Blinden ist der Einbeinige König.
d Auch der Wurm krümmt sich, wenn er getreten wird.

4

Was ist Ihrer Meinung nach richtig?

a Meinem Wissen nach ist **a** richtig.
b Meines Wissens nach ist **b** richtig.
c Meines Wissens ist **c** richtig.
d Meines Wissen nach ist **d** richtig.

5

Ein Lehnwort aus dem Französischen mit der Bedeutung »Allerlei, kunterbunte Mischung« schreibt sich wie?

a Potpourri
b Potporri
c Potburry
d Potbourri

6 In Rotlichtvierteln gibt es manch schummrige Kaschemme und manch dunkle ...

a Spielunke
b Spelunke
c Spilunke
d Spellunke

7

Wilhelmine Lübke war die Ehefrau Heinrich Lübkes, ...

  a der zweite Bundespräsident.
  b dem zweiten Bundespräsident.
  ✗ dem zweiten Bundespräsidenten.
  d des zweiten Bundespräsidenten.

8

Das Wort »Ungeziefer« ist als Gegenteil zum Wort »Geziefer« entstanden, das vor langer Zeit untergegangen ist. Was mag es bedeutet haben?

  ✗ Gefolgschaft, zum Hof gehörend
  b verzehrbar, genießbar, ungiftig
  c Himmelsbote
  d Opfertier

9

Nur eines dieser vier Beispiele ist in Hinblick auf die Rechtschreibung korrekt. Welches?

  a soviel kostet es nicht
  b so weit, so gut
  c so viel ich weiß
  ✗ soweit die Füße tragen

10

Viele Stilepochen waren gleichzeitig Epochen der Malerei, der Musik und der Literatur, so wie das Barock, die Klassik oder die Romantik. Doch nicht immer ließen sich alle Kunstrichtungen unter einem Epochenbegriff zusammenfassen; mitunter gingen sie getrennte Wege. Welche der folgenden Epochen ist keine Literaturepoche?

a Jugendstil
b Realismus
c Sturm und Drang
d Aufklärung

11

Befindet man sich an einer Stelle, an der etwas geschieht oder geschehen soll, so ist man ...

a vorort
b vor Ort
c vorm Ort
d Vorort

12

»Man nehme etwas Dill«, murmelte der Zauberlehrling, »und reichlich Tand ...« – »Moment!«, unterbrach der Zaubermeister; »was soll das werden?« – »Ich weiß schon, was ich tue«, erwiderte der Lehrling. »Ich bin schließlich kein ...«

a Dilletant
b Diletant
c Dilettant
d Delittant

13

Was wir Ihnen heute nicht beibringen, ...

a das können wir Sie morgen lehren.
b das können wir Ihnen morgen lehren.
c das können wir Sie morgen lernen.
d das können wir Ihnen morgen lernen.

14

NRW und BW sind die Abkürzungen für die Bundesländer ...

a Nordrhein-Westfahlen und Baden-Württenberg
b Nordrhein-Westphalen und Baden-Württemberg
c Nordrhein-Westfalen und Baden-Württemberg
d Nordrhein-Westfalen und Baden-Würtemberg

15

»Einer Sache gewahr werden« ist eine wahrlich schöne alte Formulierung im Genitiv. Aber was bedeutet »gewahr werden« überhaupt?

a sich aneignen/in seinen Besitz bringen
b bemerken/erkennen
c bestätigt werden/versichert werden
d aufbewahren/wegschließen

16

Was mir lästig ist und mich stört, das geht mir sprichwörtlich gegen …

a den Senkel
b die Hutschnur
c den Zeiger
d den Strich

17

Es gilt beim Spiel mit schnellen Bällen, im Motorsport und anderen Fällen: Man hüte sich vor den …

a Aufprällen
b Aufprallen
c Aufprallern
d Aufprällern

18

Welches dieser vier Fremdwörter tanzt hinsichtlich seiner Herkunft und Bedeutung aus der Reihe?

a Paragraf
b Paravent
c Parapluie
d Parasol

19

Die Schreibweise auf dem Schild könnte einen glatt die Wände hochgehen lassen. Doch wenden wir uns der nächsten Frage zu. Nur eines dieser Wörter beschreibt eine korrekte Drehung. Welches?

a Kehrwende
b Spundwende
c Weltenwende
d Trentwende

20

Woher kommt das Wort »Tohuwabohu«, das so viel wie »Durcheinander« und »Chaos« bedeutet?

a aus dem Indianischen
b aus dem Mexikanischen
c aus dem Griechischen
d aus dem Hebräischen

Zwischenstand: .... Punkte

Nach wem wurden Gugel und Hupf einst benannt?
Was steckt beim Wort »Tulpe« dahinter?
Und ist die grammatische Feinheit bekannt
zwischen Frühling und Sommer und Herbst und dem Winter?

Was ist aus der Mythologie hier verkehrt?
Und wie heißt der Wagen, mit dem man nicht fährt?
Jetzt bloß nicht verzagen! Sie sind schon dabei
und stell'n sich den Fragen der Quizrunde zwei!

QUIZRUNDE

21

Einfaches »s«, Doppel-»s« oder »ß«? Nur eines dieser Wörter ist korrekt geschrieben. Welches?

a Griesbrei
b Fließenleger
c Geissbock
d Nieswurz

22

Was mag die alte Redensart »Erst die Pfarre, dann die Quarre« bedeutet haben?

a Erst in die Kirche, dann ins Wirtshaus.
b Das erste Wort in der Ehe hat der Pfarrer, das letzte aber die Ehefrau.
c Erst heiraten, dann Kinder kriegen.
d Kirche geht vor Küche, d.h. Küchenarbeit.

23

Welcher dieser vier literarischen Begriffe steht für ein kurzes Spottgedicht?

a Aphorismus
b Epigramm
c Epitaph
d Pamphlet

24 Hier sieht man einen Eimer und zwei ...

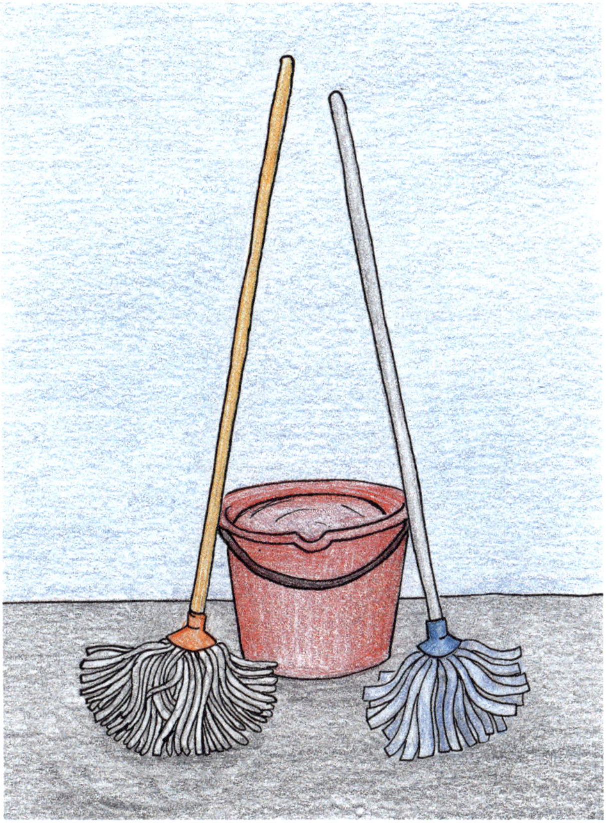

a Wischmoppe
b Wischmopps
c Wischmöppe
d Wischmöpse

25

Lange bevor es das Wort »Mobbing« gab, wurden Schüler schon von anderen ...

a gepiesackt und verhohnepipelt.
b gepisackt und verhohnepiepelt.
c gepiesackt und verhohnepiepelt.
d gepiesakt und verhohnepipelt.

26

In welchem dieser Beispiele mit wörtlicher Rede sind die Zeichen richtig gesetzt?

a »Hallo«, sagte er. Sie erwiderte: »Servus.«
b »Hallo,« sagte er. Sie erwiderte: »Servus.«
c »Hallo«, sagte er. Sie erwiderte: »Servus«.
d »Hallo«, sagte er. Sie erwiderte »Servus.«

27

Auf die Gefahr hin, dass es Ihnen an dieser Stelle zu bunt wird: Welches dieser Verben kann als einziges auch in zwei Wörtern geschrieben werden?

a rotsehen
b schwarzfahren
c blaumachen
d weißwaschen

28

Frau Zierlich ist die ständige Schelte ihres Mannes leid. »Heute ... du mich eine Kuh, gestern ... du mich eine Ziege und vorgestern hast du mich eine Gans ... Welches Tier soll ich denn nun sein?« Uns interessiert vor allem die Frage, welche Zeitformen des Verbs »schelten« in die Lücken gehören.

a scheltst, scheltest, gescheltet
b scheltst, scholtst, gescholten
c schiltst, schaltst, gescholten
d schiltst, scholtst, gescholten

29

Mit salbungsvollen Worten und theatralischen Gesten gestand er ihr seine Liebe. Das wurde ihr dann allerdings doch zu ...

a pathologisch
b empathisch
c apathisch
d pathetisch

30

Die ersten Tulpenzüchter waren keine Holländer, sondern Perser. Von Persien aus gelangte die Tulpe über die Türkei nach Italien. Der Dichter kennt für die Tulpe daher noch das alte Wort ...

a Tulipus
b Taliban
c Tulipur
d Tulipan

31

Als »Paradeiser« bezeichnen Österreicher ...

a Äpfel
b Tomaten
c Radieschen
d Kartoffeln

32

Geraten Sie schon ins Schwitzen? Ist Ihnen die Luft zu schwül? Das können wir gerne nachmessen, und zwar mit einem Luftfeuchtigkeitsmesser. Den nennt man in der Fachsprache ein ...

a Hydrometer
b Hygrometer
c Hypermeter
d Hypometer

33

Ob Neuwagen, Leihwagen, Streuwagen, Polizeiwagen – es gibt unzählige Wagen in allen Formen und Größen für jeglichen Bedarf. Welcher dieser vier Wagen ist definitiv nicht für den Personentransport geeignet?

a Heuwagen
b Leuwagen
c Kranwagen
d Planwagen

34 Den Bock zum Gärtner machen bedeutet ...

a den Spieß umdrehen

b einen Untauglichen mit einer Aufgabe
   betrauen, bei der er nur Schaden anrichtet

c einen unpassenden Vergleich anstellen zwischen
   grundverschiedenen Dingen oder Personen

d eine Meisterleistung vollbringen

35 Wenn Sie diese vier Verben konjugieren, werden Sie sehr bald feststellen, dass eines anders zusammengesetzt ist als die anderen. Nämlich welches?

a unterwerfen
b unterscheiden
c untertauchen
d unterzeichnen

36 Bis hierher wusste Studienrat Ströbel bestenfalls die Hälfte. Seine Frau wusste schlechterdings alles. Allerdings wussten beide nicht, was das Adverb »schlechterdings« bedeutet. Wissen Sie's?

a im Gegenteil
b nahezu, fast
c geradezu, ganz und gar
d unglücklicherweise, leider

37

Der Gugelhupf ist ein (oft mit Rosinen gespickter) runder Kuchen in Puddingform mit einem Loch in der Mitte. Seine Zutaten sind kein Geheimnis. Die Zutaten seines Namens sind indes ein wenig rätselhaft. Was bedeuten »Gugel« und »Hupf«?

a Kugel und Hopfen
b Kegel und Hütchen
c Glocke und Hüpfen
d Kopftuch und Hefe

38

Zur humanistischen Schulbildung gehörte früher auch noch Altgriechisch. Das Lernen konnte die reinste Herkulesaufgabe sein und bereitete manchem Schüler Tantalusqualen. Den alten Griechen haben wir viele bildliche Wortzusammensetzungen zu verdanken. Welche von diesen vieren allerdings nicht?

a Argusaugen
b Sisyphosarbeit
c Achillesverse
d Damoklesschwert

39

Ihre harmonische Folge bestimmt seit Ewigkeiten den Rhythmus der Natur. Doch in grammatischer Hinsicht erscheinen die vier Jahreszeiten nicht ganz so harmonisch, denn eine unterscheidet sich von den anderen. Welche mag es wohl sein?

a Frühling
b Sommer
c Herbst
d Winter

40

Auch Comics zählen zur Literatur. Sie gelten sogar als eigene Kunstform, als die neunte Kunst. Welcher dieser Comics stammt von einem deutschen Schöpfer?

a Asterix
b Tim und Struppi
c Fix und Foxi
d Die Schlümpfe

Im Folgenden wird sprichwörtlich Blut geleckt
und manches wird fremdwörtlich fein abgeschmeckt.
Was Naschkatzen mit Leseratten verbindet,
das wird in der Lösung anschaulich begründet.

Es geht auch um Blumen, jedoch nicht um Rosen,
und schließlich um Engländer und um Franzosen.
Das und viel mehr noch ist für Sie dabei:
Auf, auf, frischen Mutes zur Quizrunde drei!

QUIZRUNDE

41 Wir treffen uns jeden Samstagabend. Anders ausgedrückt:

a Wir treffen uns immer Samstags abends.
b Wir treffen uns immer samstagsabend.
c Wir treffen uns immer samstagabends.
d Wir treffen uns immer Samstagabends.

42 Welches der folgenden Wörter sieht nur so aus wie ein Fremdwort, ist in Wahrheit aber eine deutsche Schöpfung?

a Finale
b Pauschale
c Spirale
d Zentrale

43 Wirkliche Tiere sind sie alle nicht. Aber eines unterscheidet sich semantisch von den drei anderen. Nämlich welches?

a Steckenpferd
b Naschkatze
c Leseratte
d Rampensau

44

Entscheiden Sie nach Ihrem Belieben!
Tun Sie einfach, …

a wie es Sie beliebt.
b wie es Ihrer beliebt.
c wie es Ihnen beliebt.
d wie es sich beliebt.

45

Eine alte Bauernweisheit lautet:

a Saat legen bringt Segen.
b Sich regen bringt Segen.
c Der Regen bringt Segen.
d Sich pflegen bringt Segen.

46

Ein Mitarbeiter schreibt der Geschäftsleitung,
er sei »indigniert«. Die Geschäftsleitung schließt
daraus, der Mitarbeiter ist …

a unwürdig
b beleidigt
c empört
d unpässlich

47

Wie viele Kommas gehören in diesen Satz?

> *Nach langem Hin und Her
> habe ich mich zum Kauf
> eines neuen verbesserten
> Programms entschlossen.*

a keins
b eins
c zwei
d drei

48

Wenn es nach dem Reim geht, passen diese vier Wörter wunderbar zueinander. Doch in grammatischer Hinsicht macht sich eines von ihnen seinen eigenen Reim. Welches unterscheidet sich von den anderen?

a Bänder
b Länder
c Ränder
d Ständer

49 Das Wort des Jahres 2020 ist »Corona-Pandemie«. Das werden wir alle so schnell nicht vergessen. Das Wort des Jahres 2019 war »Respektrente«. Daran können sich schon jetzt nur noch wenige erinnern. Am besten lassen sich jene Wörter des Jahres behalten, die mit einem konkreten Ereignis verbunden sind. Wissen Sie noch, welches das Wort des Jahres 2005 war?

a Bundeskanzlerin
b Tsunami
c Brexit
d Groko

50 Die Grundform eines Verbs wird »Infinitiv« genannt. Verben im Infinitiv enden (bis auf zwei Ausnahmen) immer auf »-en«, »-eln« oder »-ern«. Welches dieser Beispiele ist **kein** Infinitiv?

a sein
b werden
c möchten
d brauchen

51

Im Diktat hat Dietrich drei Fehler gemacht. Nur eine dieser Fügungen hat er richtig geschrieben. Welche?

a dem entsprechend
b darüberhinaus
c des Weiteren
d der selbe

52

Hier gilt es, nach französischer Art fein abzuschmecken: Welcher dieser vier Herren ist ein Feinschmecker?

a der Gourmand
b der Gourmet
c der Bonvivant
d der Sommelier

53 Werden gern zusammen gepflanzt:
Stiefmütterchen und ...

a Hornveilchen
b Hornfeilchen
c Hornpfeilchen
d Harnveilchen

54 Wo findet man Engländer und Franzosen, wenn
damit nicht die Bewohner Englands und Frankreichs oder dort produzierte Automodelle
gemeint sind?

a auf dem Grill (weil es Würstchen sind)
b im Baumarkt (weil es Werkzeuge sind)
c in Konditoreien (weil es Gebäckstücke sind)
d auf Schiffen (weil es Messgeräte sind)

55

An die Frau im roten Kleid können Sie sich bestimmt noch erinnern. Aber können Sie dies auch im Genitiv – mit dem richtigen Pronomen?

a Die Frau, die ich mich entsinne,
   trug ein rotes Kleid.
b Die Frau, derer ich mich entsinne,
   trug ein rotes Kleid.
c Die Frau, deren ich mich entsinne,
   trug ein rotes Kleid.
d Die Frau, der ich mich entsinne,
   trug ein rotes Kleid.

56 »Er hat Blut geleckt« ist eine Redewendung für: …

a Er ist auf den Geschmack gekommen.
b Er hat etwas erfahren.
c Er hat Verdacht geschöpft.
d Er sieht seine Chance gekommen.

57 Thomas Mann, Hermann Hesse, Heinrich Böll, Günter Grass, Peter Handke – sie alle haben einen Literaturnobelpreis erhalten. Welcher deutsche Schriftsteller oder welche deutsche Schriftstellerin noch?

a Martin Walser
b Christa Wolf
c Siegfried Lenz
d Herta Müller

58 Die Wörter »Hanf«, »Mensch«, »Onkel« und »Ramsch« zählen zu einer Gruppe von mehreren Dutzend deutscher Wörter, die alle eine Gemeinsamkeit aufweisen. Nämlich welche?

a Sie stammen alle aus dem Hebräischen.
b Man kann von ihnen keine Mehrzahl bilden.
c Es sind Wörter, auf die sich kein anderes Wort reimt.
d Sie gelangten erst durch Luthers Bibelübersetzung in den deutschen Sprachgebrauch.

59 Wer sagt, vor »und« dürfe nie ein Komma stehen? In einem dieser Fälle ist ein Komma sogar geboten.

a Wo hört das Meer auf[] und wo fängt der Himmel an?
b Der Schulleiter schimpfte auf die Schüler[] und die Eltern schimpften auf die Lehrer.
c Es roch nach Salz und fauligem Fisch[] und Tonnen voller Abfall lagen umgestürzt im Sand.
d Seid bitte so nett[] und räumt nachher alles wieder an seinen Platz.

60

Wer ein wenig verschroben ist, der ist seltsam, eigenbrötlerisch, ein komischer Kauz. Doch woher kommt das? Genauer gefragt: Woher kommt das Partizip »verschroben«?

a vom heute nicht mehr gebräuchlichen Verb »verschroben«, das »Stroh zerkleinern« bedeutet: ich verschrobe, ich verschrub, ich habe verschroben

b vom heute nicht mehr gebräuchlichen Verb »verschreben«, das »miteinander verzahnen« bedeutet: ich verschrebe, ich verschrob, ich habe verschroben

c vom Verb »verschrauben«, das früher noch anders gebildet wurde, nämlich: ich verschraube, ich verschrob, ich habe verschroben

d vom Verb »verschreiben«, das früher noch anders gebildet wurde, nämlich: ich verschreibe (mich), ich verschrieb (mich), ich habe (mich) verschroben

Zwischenstand: .... Punkte

Zunächst auf die Kürze: Wie schreibt man Gewürze?
Bei Pfeffer und Salz kein Problem!
Im Würzregal tanzen jedoch auch Substanzen,
die schreibtechnisch nicht so bequem.

Und kennen Sie sich auch mit Volksliedern aus?
Und steht Hallowien wohl ein Wiener vorm Haus?
Dann setzen Sie Kommas, und nicht bloß zur Zier.
Wohlan denn, hinein in die Quizrunde vier!

QUIZRUNDE 4.

61

Vorm Gewürzregal im Supermarkt packt Oma Käthe das Grauen: Nur eines der Gewürze ist richtig geschrieben! Welches?

a Mayoran
b Thymian
c Kardamon
d Koreander

62

Viele Wörter für Waren, die einst geläufig waren, sind heute höchstens noch im Wörterbuch zu finden, zum Beispiel Weißwaren (für Unter-wäsche), Kurzwaren (für Nähbedarf) und Putz-waren (für modischen Zierrat). Und dann gibt es noch Rauchwaren. Was versteht man darunter?

a kunsthandwerklich hergestellte Dekorations-stücke wie Räuchermännchen und Räucher-häuschen zum Abbrennen aromatisierter Räucherkerzen
b Tabakwaren wie Pfeifentabak, Zigarren, Ziga-rillos und Zigaretten
c geräucherte Speisen wie Rauchwurst, Rauch-schinken, Räucherlachs etc.
d Pelze, Tierfelle

63

In welchem dieser Volkslieder wird ein Lindenbaum besungen?

a Der Mai ist gekommen
b Am Brunnen vor dem Tore
c Das Wandern ist des Müllers Lust
d Der Mond ist aufgegangen

64

Manche lieben Reality-TV, andere halten es für ...

a die Geisel der Menschheit
b die Geißel der Menschheit
c die Geissel der Menschheit
d die Geissens der Menschheit

65

Wie viele Kommas sind in diesem Satz vonnöten?

> *»Ich weiß dass ich nichts weiß und ob das sonst noch jemand weiß macht mich nicht heiß.«*

a ein Komma
b zwei Kommas
c drei Kommas
d vier Kommas

66

Solange er denken konnte, hatte Herr Sulzbach den Wert eines guten Weines zu schätzen gewusst. Nun saß er da – betrunken und allein. Offenbar hatte er die Liebe seiner Frau nicht halb so ...

a wertgeschätzt
b gewertschätzt
c wert geschätzt
d Wert geschätzt

67

»Halloween« ist ein Volksbrauch aus den USA mit irischen Wurzeln, der seit den 90er-Jahren auch im kontinentalen Europa Verbreitung gefunden hat. Es hat nichts mit Hallo und Wien zu tun, sondern mit dem englischen Namen eines kirchlichen Feiertags, der sich darin versteckt. Welcher ist es?

a Allerheiligen
b Erntedank
c Fronleichnam
d Himmelfahrt

68

Die Redensart »Ich kenne meine Pappenheimer« bedeutet, dass man genau weiß, mit wem man es zu tun hat, dass man jemanden durchschaut hat oder besser im Bilde ist als jemand anderes. Dabei handelt es sich um ein abgewandeltes Zitat aus der Literatur. Aus welchem Werk stammt es?

a »Götz von Berlichingen« von Johann Wolfgang von Goethe (1773)
b »Wallensteins Tod« von Friedrich Schiller (1799)
c »Das Käthchen von Heilbronn« von Heinrich von Kleist (1810)
d »Dantons Tod« von Georg Büchner (1835)

69

Der Schriftsteller Erich Kästner (1899–1974)
war ein bedeutender Humorist und Moralist.
Von ihm stammen die Kinderbuchklassiker
»Das doppelte Lottchen«, »Emil und die Detek-
tive« und »Das fliegende Klassenzimmer«.
Und darüber hinaus die Erkenntnis:

a Jeder ist sich selbst der Nächste.
b Es gibt nichts Gutes, außer man tut es.
c Es irrt der Mensch, solang er strebt.
d Erst kommt das Fressen, dann kommt die Moral.

70

Fast alle exotischen Obst- und Gemüsesorten
haben einen deutschen Namen, so wie die
Karambole, die auf Deutsch »Sternfrucht« heißt,
oder die Pitahaya, die bei uns eher als »Drachen-
frucht« bekannt ist. Von den unten stehenden
vier Paaren aber sind nur drei korrekt. Bei welchem ist der deutsche Name unzutreffend?

a Aubergine = Eierfrucht
b Brokkoli = Spargelkohl
c Avocado = Butterfrucht
d Zucchini = Kürbisgurke

71

Bestimmt kennen Sie den Zungenbrecher »Zwischen zwei Zwetschgenzweigen sitzen zwei zwitschernde Schwalben«. Im Baum nebenan ist aber auch einiges los:

a In einer Lerche sitzt ein Lärchenpärchen und lärmt.

b In einer Lerche sitzt ein Lerchenpärchen und lärmt.

c In einer Lärche sitzt ein Lerchenpärchen und lärmt.

d In einer Lärche sitzt ein Lärchenpärchen und lärmt.

72

Ein modern gewordener soziologischer Begriff
für die Bezeichnung der in Armut lebenden
Bevölkerungsteile lautet ...

a Prekariat
b Präkariat
c Prekäriat
d Prekoriat

73

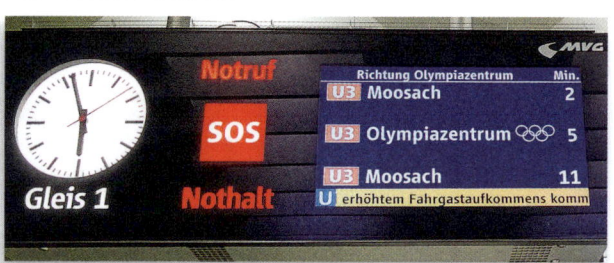

Bei der Münchner U-Bahn ist immer mal mit
Verspätungen zu rechnen. Doch nicht aufgrund
»erhöhtem Fahrgastaufkommens«, wie hier
behauptet wird. Wie lautet die Begründung in
korrektem Deutsch?

a aufgrund erhöhten Fahrgastaufkommen
b aufgrund erhöhtem Fahrgastaufkommen
c aufgrund erhöhten Fahrgastaufkommens
d aufgrund erhöhtes Fahrgastaufkommen

74

Ein Sprichwort besagt: Wer die Wahl hat, hat die Qual. Wobei sich die »Wahl« mit Dehnungs-»h« schreibt, die »Qual« aber nicht. Die Qual der Wahl haben nun Sie: Nur in einer der vier Gruppen sind alle Wörter richtig geschrieben. In welcher nämlich?

a Tran, Klan, Span, Thron, Klon, Fron
b Tran, Clan, Span, Thron, Klon, Frohn
c Tran, Klan, Spahn, Trohn, Clon, Fron
d Trahn, Clan, Span, Trohn, Klon, Fron

75

Wofür stand das Wort »Vademecum« (aus lateinisch »vade mecum« = geh mit mir), ehe es zum Namen einer Zahnpasta wurde?

a Universitätsabschluss, der Mediziner zur freien Niederlassung berechtigte
b Nachschlagewerk im Taschenformat
c heimliche Verabredung unter Studenten, Rendezvous
d Aufforderung zum Duell, der man sich nicht ohne Ehrverlust entziehen konnte

76

Für den Nachschlüssel gibt es viele kuriose Namen: Afterschlüssel, Mitschlüssel, Diebschlüssel, Peterchen, Kläuschen und ...

a Friedrich
b Dietrich
c Raubart
d Robert

77

Alle diese vier Wörter sind Fremdwörter mit denselben Anfangsbuchstaben. Doch was so schön gleich aussieht, hört sich nicht gleich an. Eines unterscheidet sich hinsichtlich der Aussprache von den anderen drei. Welches?

a Quadrant
b Qualifizierung
c Quarantäne
d Quasar

78

Wofür steht die Abkürzung Ver.St.v.A.?

a Vermögensteuer vor Abzug
b Verordnetes Strafmaß vom Amtsgericht
c Vereinigte Staaten von Amerika
d Vertragsstatus vor Anmeldung

79

Was bekam, wer in früheren Zeiten eine »Depesche« erhielt?

a eine Eilnachricht
b ein Entlassungsschreiben
c eine Auszeichnung
d eine Lebensmittelzuteilung

80

Welches dieser vier Öle passt aufgrund seiner Zusammensetzung nicht zu den anderen?

a Babyöl
b Motoröl
c Salatöl
d Olivenöl

Zwischenstand: .... Punkte

Wie schreibt man Vergangenheitsformen genau?
Und wofür steht beim Wunder das Blau?
In wie vielen Ländern ist Deutsch offiziell?
Und was stand Revoltenanführern Modell?

Wie heißt unser Wort für Reptilien noch gleich?
Und kennen Sie Wörter aus Österreich?
Dann rein in die Puschen – oder die Strümpf' –,
man erwartet Sie nämlich in Quizrunde fünf.

QUIZRUNDE

81

Es fragte der Himmelswächter den Sternenwart:

a Wo wart Ihr, als es dunkel wart?
b Wo wart Ihr, als es dunkel ward?
c Wo ward Ihr, als es dunkel wart?
d Wo ward Ihr, als es dunkel ward?

82

Wo spielen Hexameter, Jambus und Daktylus
eine Rolle?

a in der Biologie
b in der Physik
c in der Dichtung
d in der Nautik

83

Was von Anfang an feststeht, das steht ...

a von Vornherein fest.
b von vornerein fest.
c von vornhinein fest.
d von vornherein fest.

84 Für jede Wissenschaftsrichtung gibt es einen deutschen Namen. Medizin wurde im Deutschen zur »Heilkunde«, Biologie zur »Lebenskunde«, Geologie zur »Gesteinskunde« und Astronomie zur »Sternkunde«. Nicht ganz so kurz und bündig gelingt dies bei der Physik, die auf Deutsch als »Lehre von den grundlegenden Gesetzen der unbelebten Natur« umschrieben wird. Auch für Chemie gibt – oder gab – es einen deutschen Namen. Bis zum Beginn des 19. Jahrhunderts nannte man Chemie im Deutschen noch ...

a Stoffkunde
b Gießkunde
c Scheidekunde
d Umwandlungskunde

85 Längst nicht jede Perfektform ist tatsächlich perfekt. Welches Partizip entspricht als einziges dem Standard?

a zusammengehalten
b umgeschalten
c zusammengefalten
d umgestalten

86 Wofür steht die Farbe Blau, wenn jemand sprichwörtlich »sein blaues Wunder erlebt«?

a für Täuschung und Lüge
b für Hoffnung
c für das Ungewisse
d für Gott im Himmel

87 Rechtschreibung ist ohnehin nicht ganz ohne,
und nun sollen Sie auch noch wissen, welches
Wort mit »ohne« als einziges ohne Fehler ist:

a ohne Gleichen
b ohne Weiteres
c zweifels ohne
d ohnedass

88 Wohin begibt sich, wer in Österreich zum
»Heurigen« geht?

a zum Dorfvorsteher
b zur Heuernte
c zur Weinlese
d in ein Lokal

89 Reptilien und Amphibien werden oft in einem Atemzug genannt, wobei die Unterscheidung nicht immer gelingt (so wie auf diesem Schild, entdeckt an der Donau bei Ulm). Amphibien werden auf Deutsch auch »Lurche« genannt. Wie aber lautet das deutsche Wort für Reptilien?

a Schuppentiere
b Echsen
c Kriechtiere
d Kaltblüter

90 Welche dieser Farben geht auf den Namen eines Landes zurück?

a Magenta
b Türkis
c Umbra
d Khaki

91

»Sie« oder »er« oder »sein« oder »ihr«, einerseits »seinerseits« und andererseits »ihrerseits«? Von diesen vier Sätzen ist nur einer hinsichtlich seiner Pronomen fehlerfrei.

a O Jammer, o weh, schon machen sie sich breit: Wehmut und seine Geschwister Schwermut, Missmut und Unmut.

b Tom fragte seine Lehrerin, und weil sie keine Antwort wusste, fragte sie seinerseits den Schulleiter.

c Elvis war seinerzeit der King des Rock'n'Roll, aber die Beatles waren ihrerzeit wegweisend für die Entstehung einer neuen Jugendkultur.

d Das Fräulein und sein Kavalier, man findet sie nicht länger hier. So gern ihr sie im Wortschatz haltet, so sind sie beide doch veraltet.

92

1990 hatte der Sänger Matthias Reim einen großen Erfolg. Wie schreibt sich der Titel des Liedes nach aktuell gültiger Rechtschreibung?

a Verdammt, ich lieb dich
b Verdammt Ich Lieb Dich
c Verdammt! Ich Lieb' Dich
d Verdammt, ich lieb' Dich

93 Diese vier Wörter sind Umstandswörter der Zeit (sogenannte Temporaladverbien), und darüber hinaus sind sie Synonyme, das heißt Wörter von gleicher Bedeutung, denn sie deuten in dieselbe zeitliche Richtung: die Vergangenheit. Eines aber deutet auch noch in eine andere Richtung. Welches?

a dazumal
b dereinst
c ehedem
d weiland

94 Eine dieser vier weiblichen Formen wurde nach einem anderen Muster gebildet als die anderen. Welche ist es?

a Pilgerin
b Zauberin
c Lehrerin
d Königin

95

Drei dieser Sprichwörter stammen aus dem Alten Testament, eines nicht. Es ist zwar auch schon sehr alt, aber nicht so alt wie die biblischen. Welches ist es?

a Wer zuerst kommt, mahlt zuerst.
b Wer andern eine Grube gräbt, fällt selbst hinein.
c Wer sich in Gefahr begibt, kommt darin um.
d Wer Wind sät, wird Sturm ernten.

96 Für welche dieser Serien schrieb der Fernsehautor Herbert Reinecker (1914–2007) sämtliche
Drehbücher?

a Praxis Bülowbogen (ARD, 1987–1996)
b Derrick (ZDF, 1974–1998)
c Die Schwarzwaldklinik (ZDF, 1985–1989)
d Diese Drombuschs (ZDF, 1983–1994)

97 Den oder die Anführer einer Revolte, eines Aufstands nennt man ...

a Räteführer
b Redeführer
c Rudelführer
d Rädelsführer

98 Achtung, Lücke! Welches dieser Wörter braucht
eine andere Füllung als die anderen drei?

a widerw_rtig
b gegenw_rtig
c gleichw_rtig
d rückw_rtig

99

In wie vielen Ländern ist Deutsch offiziell
Amtssprache?

a drei
b sechs
c sieben
d fünf

100

Man muss nicht hochwohlgeboren sein oder höfi-
sche Sitten studiert haben, um »hoffärtig« sein
zu können. Veraltet ist dieses Wort ohnehin,
doch ehe es gänzlich vergessen wird, lassen wir
es hier noch einmal hochleben. Was bedeutet
»hoffärtig«?

a selbstgefällig, überheblich
b bescheiden, demütig
c elegant, stilvoll
d höflich, zuvorkommend

Zwischenstand: .... Punkte

Gehupft wie gesprungen – geschleift wie geschliffen?
Bei der richtigen Wahl hat sich mancher vergriffen!
Was flüstert Frau Merkel Herrn Sauer ins Ohr?
Was kommt einem hier wohl japanisch nicht vor?

Aus welchem Wort wurde »Australien« geformt?
Wie wurde das Pflücken von Federn genormt?
In Quizrunde sechs können Sie alles geben –
oder gleich zu Beginn ein Fiasko erleben.

QUIZRUNDE

101

Das Wort »Fiasko« bedeutet Reinfall, Misserfolg und geht zurück auf das italienische Wort für ...

a eine Falltür
b eine Flasche
c eine Figur beim Eiskunstlauf
d einen Knochenbruch

Kein Fiasko, aber doch ein Rheinfall (bei Schaffhausen)

102

Manchmal ist man nicht bloß erstaunt, sondern geradezu ...

a bass erstaunt
b baff erstaunt
c paff erstaunt
d barsch erstaunt

103

Nicht jedes »Pf«-Wort, das man so pfindet,
wird auch wirklich mit »Pf« geschrieben.
Welches ist außer dem auf dem Bild noch falsch?

a Pfandflasche
b Pfladenbrot
c Pfundskerl
d Pfifferling

Schlüssel verloren!

Pfinderlohn!

Bitte melden unter:
0172
Danke

104

Professor Joachim Sauer ist ein deutscher
Chemiewissenschaftler. Darüber hinaus ist er
der Ehemann von Angela Merkel, und solange
diese Bundeskanzlerin ist, ist er der ...

a Bundeskanzlergatte
b Bundeskanzleringatte
c Bundeskanzlerinnengatte
d Bundeskanzler*innengatte

105

Die Symbolfigur des einfachen Deutschen wird oft mit einer Schlaf- oder Zipfelmütze dargestellt. Welchen Namen trägt sie?

a Michel
b Hans
c Wilhelm
d Otto

106 Eine scheinbar leichte Frage: Was bedeutet das Wort »scheinbar«?

a allem Anschein nach
b offensichtlich
c vermutlich
d nur zum Schein

107 Welches dieser vier Paare unterscheidet sich semantisch von den anderen?

a zwei wie Pech und Schwefel
b zwei wie Feuer und Wasser
c zwei wie Hund und Katze
d zwei wie Ochs und Esel

108 Welches dieser Wörter hat kein Antonym (Wort mit gegensätzlicher Bedeutung) und lässt sich nur mit vorangestelltem »nicht« ins Gegenteil verkehren?

a hungrig
b durstig
c gierig
d geizig

Dieser gern von Tischrednern zitierte Goethe-Vers enthält eine wohlklingende, aber heute kaum noch gebräuchliche Verbform. Bevor wir es uns wohlschmecken lassen können, müssen wir daher die Frage beantworten: Woher stammt der Ausdruck »mich deucht«?

»MICH DEUCHT, DAS GRÖSST BEI EINEM FEST IST, WENN MAN SICH'S WOHLSCHMECKEN LÄSST.«

a vom Verb »denken«, das früher noch anders konjugiert wurde und mit dem Akkusativ der Person gebraucht wurde (mich denkt, mich deuchte, mich hat gedeucht)

b vom unpersönlichen Verb »dünken«, das unregelmäßig gebildet wurde (mich dünkt, mich deuchte, mich hat gedeucht)

c vom unpersönlichen Verb »deuchen«, das »scheinen« bedeutet und mit dem Akkusativ der Person gebildet wird (mich deucht, mich deuchte, mich hat gedeucht)

d vom Verb »dichten«, das früher noch unregelmäßig und unpersönlich konjugiert wurde (mich dichtet, mich deucht, mich hat gedeucht)

110

Der fünfte Kontinent, Australien, verdankt seinen Namen der lateinischen Bezeichnung »terra australis«. »Terra« heißt »Erde«, »Land«.
Was bedeutet »australis«?

a auf dem Kopf stehend
b südlich
c östlich
d unwirtlich, wüst

111

Welches dieser »ver«-Wörter passt nicht
zu den anderen?

a verbimsen
b verwamsen
c vermurksen
d verwalken

112

Das tschechische Wort für »Bettler« wurde
im Deutschen zu ...

a Halunke
b Vagabund
c Schnorrer
d Lumpazius

113

Aus der schon im Mittelalter verbreiteten höfischen Sitte, Höhergestellten störende Flaumfedern vom Gewand zu pflücken, entwickelte sich eine Redewendung mit der Bedeutung »ohne große Umstände«. Wie lautet sie?

a ohne viel Federnlesen
b ohne viel Federlese
c ohne viel Federnlesens
d ohne viel Federlesens

114

Mit rund 30 Wörtern ist die Liste japanischer Wörter im Deutschen noch recht überschaubar. Nur eine dieser vier Reihen besteht vollständig aus Wörtern japanischer Herkunft. Welche ist es?

a Bonsai, Futon, Marabu, Sudoku
b Emoji, Kimono, Rikscha, Dschunke
c Karate, Mikado, Oregano, Sake
d Anime, Ikebana, Manga, Origami

115

Auf der Premierenfeier ging es hauptsächlich um eines, nämlich um …

a Sehen und Gesehen Werden.
b Sehen und gesehen werden.
c Sehen und Gesehen werden.
d sehen und gesehen werden.

116

Von zahlreichen Verben gibt es zwei Formen im Perfekt: eine regelmäßige und eine unregelmäßige. Eines dieser Paare enthält jedoch eine Form, die es offiziell nicht gibt. Welches ist das falsche Paar?

a gesaugt/gesogen
b gegärt/gegoren
c gestreift/gestriffen
d gebleicht/geblichen

117

Nur eines dieser vier zusammengesetzten Verben darf auch tatsächlich zusammengeschrieben werden. Nämlich welches?

a zugrundegehen
b zugutehalten
c zuleidetun
d zustandekommen

118

»ottos mops« ist ein herrliches Nonsens-Gedicht, das ausschließlich aus Wörtern mit dem Vokal »o« besteht. Es erlangte vor allem bei Schülern und Studenten große Beliebtheit. Wer hat es geschrieben?

a Ernst Jandl (1925–2000)
b Joachim Ringelnatz (1883–1934)
c Heinz Erhardt (1909–1979)
d Robert Gernhardt (1937–2016)

119

Wie viele Kommas gehören in diesen Satz?

> »Hallo« rief er und kam auf mich zu
> während ich nur Augen für die schöne
> geheimnisvolle Frau am Nebentisch hatte.

a eins
b zwei
c drei
d vier

120

Über groß oder klein fällt jeder mal rein. Welcher
dieser vier Sätze mit Großschreibung ist falsch?

a Fürs Erste hatten wir genug.
b Was kommt als Nächstes?
c Es geht um Alles oder Nichts.
d Das wird das Beste sein.

Zwischenstand: .... Punkte

Wer weiß heute noch korrekt zu befehlen
und zwischen dem »dass« und dem »das« wohl zu
wählen?
Wie setzt man die Zeichen bei wörtlicher Rede?
Und wo treibt der Genitiv trotzige Fehde?

Nicht allein Fremdwörter sind voller Reiz,
sondern auch manch schönes Wort aus der Schweiz.
Wann wird das Wort »eins« klein- und wann großgeschrieben?
Das gilt es zu klären – in Quizrunde sieben.

QUIZRUNDE 7

121

In Zeiten einer Epidemie benötigt der Mensch
vor allem dreierlei, nämlich Geduld, Rücksichtnahme und einen verlässlichen ...

a Mund-Nase-Schutz
b Mund-Nasen-Schutz
c Mund-Nasen Schutz
d Mund-und-Nase-Schutz

122

Zwei, die einander gut leiden können, sind sich
auf gut Deutsch (oder sagen wir besser: in bestem
Deutsch) ...

a wohlgesinnt
b wohlgesonnen
c wohl gesinnt
d wohl gesonnen

123 Willkommen zur Hafenrundfahrt!
Aber glauben Sie nicht alles, was Ihnen der
Käpt'n erzählt. Eine von diesen vier Behaup-
tungen ist nämlich falsch. Welche ist es?

a Das Wort »Kutter« kommt vom englischen
Wort »cutter« und bezeichnet ein schnittiges
Schiff, das die Wogen durchschneidet (von
engl. »cut« = schneiden).

b Der »Windjammer« heißt so, weil sich das
Heulen des Windes in den Rahen wie Jammern anhört.

c Der bekannteste Schiffstyp des Mittelalters,
die dickbauchige »Kogge«, hat ihren Namen
vom französischen Wort »coque«, das »Schale,
Schiffsrumpf« bedeutet, und hieß im Althochdeutschen daher noch »kocko«.

d Der »Schoner« hat seinen Namen vom englischen »scoon«, das »Steine über das Wasser
gleiten lassen« bedeutet. Beim Stapellauf
eines der ersten Schoner in Nordamerika soll
ein Zuschauer gerufen haben: »There she
scoons!« (»Da gleitet sie hin!«), was den Kapi-
tän auf die Bezeichnung »Scooner« gebracht
haben soll, die im Deutschen zu »Schoner«
wurde.

124

Ein Zitat von Goethe lautet: »Wer klare Begriffe hat, kann befehlen.« Dem könnte man hinzufügen: »Wer befehlen will, sollte die richtigen Befehlsformen kennen.« Von den folgenden Befehlsformen ist nur eine korrekt. Welche?

a Nehme dich in Acht!
b Bewerbe dich noch heute!
c Schmelze das Eis!
d Lösche das Feuer!

125

Manchen ist die Rechtschreibung einerlei. Doch sie ist nicht ...

a X-beliebig
b x beliebig
c X beliebig
d x-beliebig

126

Was bedeutet das alte Wort »allenthalben«?

a überall, ständig
b meinetwegen, von mir aus
c vollständig, ganz und gar
d überwiegend, mehrheitlich

127

Herr Müller spielt in seiner Freizeit Golf, Herr Meier Klarinette. Die beiden haben also ...

a verschiedene Hobbies
b unterschiedliche Hobbys
c verschiedene Hobbys
d unterschiedliche Hobbies

128

Nachdem Ludger seine Freundin mit seinem ungehobelten Benehmen erneut vor den Kopf gestoßen hat, will er sich in einer Textnachricht bei ihr entschuldigen. Doch schon der erste Satz macht ihm zu schaffen.

a Du weißt, **dass** ich viele Fehler mache, und du weißt, **dass** ist nicht das erste Mal, **dass** mir so etwas passiert.

b Du weißt, **dass** ich viele Fehler mache, und du weißt, **das** ist nicht das erste Mal, **das** mir so etwas passiert.

c Du weißt, **dass** ich viele Fehler mache, und du weißt, **das** ist nicht das erste Mal, **dass** mir so etwas passiert.

d Du weißt, **dass** ich viele Fehler mache, und du weißt, **dass** ist nicht das erste Mal, **das** mir so etwas passiert.

129

Was ist ein »Menetekel«?

a ein Seemannsknoten
b ein altes Wort für Unordnung, Chaos
c ein drohendes Unheil
d eine seltene Heilpflanze

130

Für die einen ist es Fasching oder Fastnacht, für die anderen ist es Karneval. Und für viele ist es die »fünfte Jahreszeit«. Was ist die wörtliche Bedeutung des Wortes »Karneval«?

a Tanz der Verrückten
b Fleisch wird gestrichen
c Erlaubt ist, was gefällt
d Wein und Bier im Überfluss

131

Trotz (oder gerade wegen) ihres tragischen Endes gilt »Romeo und Julia« als die wohl berühmteste ...

a Geschichte zweier Liebenden
b Geschichte zweier Liebender
c Geschichte zweier Liebende
d Geschichte zwei Liebender

132

Sie dürfen Gott zu jeder Zeit anrufen, aber bitte in korrekter Orthografie!

a Um Gottes willen! Gottbewahre! Gott sei Dank!

b Um Gottes Willen! Gottbewahre! Gott sei Dank!

c Um Gotteswillen! Gott bewahre! Gottseidank!

d Um Gottes willen! Gott bewahre! Gottseidank!

133

Viele aus dem Lateinischen stammenden Fremdwörter, die auf »-us« enden, erhalten im Plural die Endung »-i«. Doch nicht alle. Einige gehören zur sogenannten u-Deklination und erhalten im Plural die Endung »-us«, die mit einem langen »u« gesprochen wird. So wie »der Lapsus«, der im Plural nicht zu »die Lapsi« wird, sondern zu »die Lapsus« (gesprochen: »Lapsuus«). Welches der folgenden Wörter gehört ebenfalls zur u-Deklination?

a der Bonus (= Rabatt/Vergütung)

b der Modus (= Art und Weise)

c der Primus (= Klassenbester)

d der Status (= Stand/Zustand)

134

Auch wenn der Genitiv angeblich dem Tode geweiht ist, so weiß er sich doch zu wehren und ist mitunter an Stellen zu finden, an denen er gar nicht hingehört. In welchem dieser Beispiele ist der Genitiv des Dativs Tod?

a **Laut eines Polizeiberichts** war der Angeklagte mehrfach vorbestraft.

b **Inmitten des Gewühls** war es für die Polizei unmöglich, die Flüchtigen auszumachen.

c Die Strafe wurde **entsprechend des Antrags** der Verteidigung zur Bewährung ausgesetzt.

d Er versprach seinem Freund, die geliehene Summe **binnen eines Jahres** zurückzuzahlen.

135

»Eins und eins, das macht zwei«, lautet ein Lied der Sängerin Hildegard Knef. Wobei die erste »Eins« großgeschrieben wird und die zweite klein, was aber nur daran liegt, dass die erste am Satzanfang steht. In welchem dieser Fälle wird das Zahlwort »eins« sonst noch großgeschrieben?

a Ich will mit dir Eins werden.

b Wir treffen uns um Eins.

c Du bist meine Nummer Eins.

d Dafür bekommst du eine Eins mit Sternchen.

136

Eines dieser vier Wörter hat andere grammatische Eigenschaften als die anderen drei. Welches?

a die Leute
b die Geschwister
c die Ferien
d die Nachbarn

137

Wenn sich ein Kind in der Schweiz zum Geburtstag ein »Müsli« wünscht, dann bekommt es ...

a eine Speise aus Haferflocken, Obst, Joghurt und/oder Milch
b einen Gemüseeintopf
c eine Portion Apfelmus
d eine Maus

138

Das (inzwischen nicht mehr gebräuchliche) deutsche Wort für Muslim lautet ...

a Moslemmann
b Moselmann
c Müsülmann
d Muselmann

139

Oliver fühlt sich in seiner Rolle als Hausmann pudelwohl. Seine Frau Jana bezeichnet ihn liebevoll als »Heimchen am Herd«. Was war damit ursprünglich gemeint?

a eine Hauselfe
b eine Grille
c ein helfender Zwerg
d eine im Haus lebende Küchenmagd

140

Umgangssprachlich nennt man sie Gänsefüßchen – die fachsprachliche Bezeichnung lautet An- und Abführungszeichen. Wobei man meistens nur von Anführungszeichen spricht. Doch der Schriftsetzer weiß: Was angeführt wird, muss auch abgeführt werden. In welchem Beispiel stehen die Zeichen korrekt?

a „Willkommen!", rief er uns zu.
b "Willkommen!", rief er uns zu.
c "Willkommen!", rief er uns zu.
d "Willkommen!", rief er uns zu.

Zwischenstand: .... Punkte

Was wird in Berlin als Berliner verputzt?
Wie wird das Plusquamperfekt richtig genutzt?
Wie sagt man poetisch zu Ufer und Land?
Und wie wird ein Mann von den Roma genannt?

Wie wird »treues Volk« in den Dativ gebogen?
Wie lautet ein anderes Wort für »verflogen«?
Und wer hat den struww'ligen Peter erdacht?
Das sind Ihre Fragen – in Quizrunde acht!

QUIZRUNDE

141

Mit der Unterscheidung zwischen großem »Sie«, »Ihr«, »Ihnen« und kleinem »sie«, »ihr«, »ihnen« tun sich viele schwer. Nur einer dieser Sätze ist richtig geschrieben. Welcher?

a Sehr geehrter Kunde, wir werden ihre Bestellung schnellstmöglich bearbeiten!

b Liebe Zoobesucher! Aufgrund Ihres hohen Alters ist unsere Leopardin leider verstorben.

c Betreten des Geländes verboten! Eltern haften für Ihre Kinder.

d Sehr geehrte Kunden! Wir möchten Sie bitten, aus hygienischen Gründen die Leergutbons nicht in den Mund zu nehmen!

142

Ein veraltetes, poetisches Wort für »Küste« und »Ufer« lautet ...

a Gestrande
b Gesande
c Gelände
d Gestade

143

Der Berliner ist ein beliebtes, mit Pflaumenmus oder Konfitüre gefülltes Schmalzgebäck, das besonders gern am Silvesterabend verspeist wird. Die Einwohner Berlins nennen dieses Gebäck jedoch anders, nämlich wie?

a Krapfen
b Pfannkuchen
c Eierkuchen
d Kräppel

144

Das Wort »Zigeuner« gilt heute als politisch unkorrekt. Die Volksgruppe bevorzugt eine andere Bezeichnung. Der »Zigeunerjunge«, den die Sängerin Alexandra 1967 besang, war folglich ein junger ...

a Rom
b Roma
c Romni
d Romani

145

Welches dieser Wortpaare steht sprichwörtlich für Unverbesserlichkeit?

a Kraut und Rüben
b Brot und Salz
c Glück und Glas
d Hopfen und Malz

146

Als Scharlatan wird jemand bezeichnet, der sich unter Vortäuschung von Fachwissen oder bestimmten Fähigkeiten finanzielle oder soziale Vorteile zu verschaffen versucht. Woher kommt das Wort »Scharlatan«?

a vom französischen Namen Charles
b vom persischen Wort سحرگو (sahargo) für »Zauberer«
c von der italienischen Stadt Cerreto
d vom arabischen إن شاء الله (inschallah = so Gott will)

147

Wie viele Fehler enthält der rot umrandete Satz?
(Dass »hundert« hier in Ziffern steht, ist kein
Fehler.)

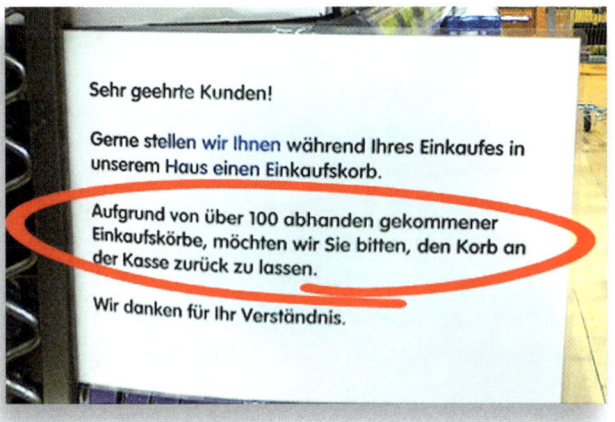

a zwei Fehler
b drei Fehler
c vier Fehler
d fünf Fehler

148

Was sind Röhrling, Porling und Tintling?

a Fische
b Metallerzeugnisse
c Pilze
d Auszubildende in verschiedenen Handwerks-
   berufen

149

Woher stammt das Wort »Kasko«, mit dem wir uns mal voll, mal teilweise versichern?

a vom spanischen Wort »casco«, das »Schiffs-rumpf« bedeutet

b vom französischen Wort »casque«, das »Schutzhelm« bedeutet

c vom Namen des spanischen Seefahrers Alessandro Diego del Casco, der ruiniert war, nachdem er sechs seiner acht Schiffe in einem Sturm verloren hatte

d vom Namen des russischen Bankiers Dimitri Iwanow Kaskow, der als Erster Versicherungs-policen für Schiffe herausgab

150

Wer sich verirrt, der hat sich …

a verfilzt

b verfranzt

c verflixt

d verfranst

151

Über ein Dutzend deutscher Sportvereine trägt den Namen »Borussia«. Am berühmtesten sind Borussia Dortmund und Borussia Mönchengladbach. Was bedeutet »Borussia«?

a Es ist der Name der Schutzheiligen für Gesundheit und Tatkraft.

b Es ist der Name der römischen Siegesgöttin.

c Es ist der lateinische Name für »Preußen«.

d Es ist das lateinische Wort für »Tatkraft«.

152

Ob des Denkmals, das sein Volk für ihn hatte errichten lassen, war der Landesvater so gerührt, dass er beschloss, sich mit einem Denkmal für sein Volk zu revanchieren. Als der Bildhauer fragte, welche Widmung er in den Sockel meißeln solle, zuckte der Landesvater nur die Schultern: »Es ist von mir, für mein treues Volk. Schreiben Sie das! Aber richtig!« Wie also musste die Widmung lauten?

a Des Landesvaters treuen Volkes gewidmet

b Des Landesvaters treues Volk gewidmet

c Des Landesvaters treuem Volk gewidmet

d Dem Landesvater treues Volks gewidmet

153

Nicht zu wissen, wie viele Kommas in diesen Satz gehören, ist nicht schlimm. Es ist aber auch nicht egal. Es ist eher etwas dazwischen. Wie viele setzen Sie?

> *Es ist nicht schlimm aber auch nicht egal sondern eher etwas dazwischen wenn du verstehst.*

a keins
b eins
c zwei
d drei

154

Eines dieser vier Bundesländer unterscheidet sich grammatisch von den anderen drei. Welches ist es?

a Niedersachsen
b Bayern
c Hessen
d Saarland

155 Es ist zum Kaputtlachen: Bei dreien dieser Verbkomposita empfiehlt der Duden Getrenntschreibung, eines aber ist nur in Zusammenschreibung möglich. Welches?

a kaputtmachen
b kaputtschlagen
c kaputtgehen
d kaputtdrücken

156 Frau Jackmann beobachtet ihre Nachbarn häufig beim »Poussieren«, wie sie es nennt. Was bedeutet das?

a streiten, heftig diskutieren
b flirten, anbändeln
c gärtnern, Unkraut jäten
d faulenzen, nichts tun

157

Weil ich ihr aus dem letzten Urlaub keine Ansichtskarte geschickt habe, klagt Sibylle, ich sei eine »treulose Tomate«. Auf wen geht der Ausdruck »treulose Tomate« ursprünglich zurück?

a auf die Italiener, die Deutschland im Ersten Weltkrieg im Stich ließen

b auf den Apostel Thomas, auch Thomas der Zweifler genannt

c auf die Spanier unter Franco, der nicht bereit war, an der Seite Hitlers in den Zweiten Weltkrieg einzutreten

d auf die Niederländer, die, statt Preußen und Österreich zu unterstützen, mit Napoleon paktierten

158

Ein altes Wort für Onkel lautet »Oheim«. Ein altes Wort für Tante lautet ...

a Mumme

b Muhme

c Nanne

d Mohme

159

»Der Struwwelpeter« gilt bis heute als Kinderbuch-Klassiker, auch wenn die strengen und zum Teil grausamen Geschichten heute nicht mehr unbedingt als kindgerecht angesehen werden. Wer hat den »Struwwelpeter« erschaffen?

a Wilhelm Busch
b Heinrich Hoffmann
c Wilhelm Hauff
d Fritz Koch-Gotha

160

In einem Mordfall überprüft Kommissar Plusquamperfekt die Zeugenaussagen und stellt fest, dass nur eine grammatisch korrekt ist.

 a Paul: »Als ich gerade auf dem Balkon stand, hatte ich mehrere Schüsse gehört.«

 b Janis: »Nachdem ich zu Bett gegangen bin, hatte ich noch ungefähr eine Stunde gelesen.«

 c Freddy: »Bevor ich aus der Wohnung gegangen bin, hatte ich das Licht ausgemacht gehabt.«

 d Kevin: »Erst bin ich mit den Kumpeln in der Kneipe gewesen, dann war ich wie üblich allein zu Haus.«

Zwischenstand: .... Punkte

Wer schrieb das berühmteste Frühlingsgedicht?
Und welches Wort, das englisch scheint, ist es nicht?
Wie muss man die Kommas bei Aufzählung setzen?
Und wo lernt man cremigen Käse zu schätzen?

Wie nennt man den Dienst, der eher ein Fluch ist,
Und wie den »ologen«, bei dem man nie zu Besuch ist?
Und wie buchstabiert man die ¾ Stunde?
Das sind ein paar Fragen der vorletzten Runde!

QUIZRUNDE

161

Nur eines dieser koffeinhaltigen Getränke ist richtig geschrieben. Welches?

Kaffee & Heißgetränke

(a) Expresso	1,80 €
(b) Café olé	1,90 €
(c) Cappucino	2,10 €
(d) Latte macchiato	2,40 €

162

Tante Karla hatte in ihrer Jugend zahlreiche Verehrer. Darunter sei auch ein Nebbich gewesen, erzählt sie ihrem Enkel. Der schaut sie verdutzt an und fragt: »Was ist ein Nebbich?«

a ein Betrüger
b ein Nichtsnutz
c ein schwerreicher Mann
d ein Schwerenöter

163 Jakob hat Medizin studiert. Nun will er sich auf ein Fachgebiet spezialisieren. Welches kommt dabei nicht in Frage?

a Gastroenterologie
b Proktologie
c Pulmologie
d Entomologie

164 Vielen ist Grammatik ein Gräuel, weil man es dabei mit komplizierten Fachbegriffen wie »Kasuskongruenz«, »Subjektsprädikativ«, »Temporaladverbiale« und »Interrogativpronomen« zu tun hat. Dabei gibt es für jedes Fremdwort eine deutsche Entsprechung. Von den folgenden Übersetzungen ist allerdings nur eine richtig. Welche?

a Pronomen = Bindewort
b Konjunktion = Umstandswort
c Präposition = Verhältniswort
d Adverb = Mittelwort

165

Der Schriftsteller Gottfried August Bürger (1747–1794) schrieb zahlreiche Gedichte und theoretische Schriften und regte eine Rechtschreibreform an, die jedoch nie umgesetzt wurde. Bekanntheit erlangte er vor allem durch eine Sammlung von volkstümlichen Erzählungen, die bis heute immer wieder nacherzählt worden sind. Um welches Werk handelt es sich dabei?

a Don Quijote
b Baron Münchhausen
c Till Eulenspiegel
d Die Schildbürger

166

Der Zug hatte 45 Minuten Verspätung, um nicht zu sagen ...

a eine drei Viertel Stunde
b eine drei viertel Stunde
c eine dreiviertel Stunde
d eine Dreiviertelstunde

167

Woher stammt die pikante Käsespeise »Obatzter«?

a aus Hessen
b aus Schwaben
c aus Bayern
d aus Sachsen

168

Wie viele Kommas gehören in diese Aufzählung?

Draußen wehte ein kühler würziger belebender auflandiger Wind.

a kein Komma
b ein Komma
c zwei Kommas
d drei Kommas

169

Einige Wörter haben zwei Pluralformen. So wie das »Lexikon«, das zu »Lexika« und »Lexiken« werden kann. Von den folgenden Beispielen findet man eines jedoch nicht im Wörterbuch. In welcher Reihe entspricht nur eine Pluralform dem Standard?

a eine Pizza – zwei Pizzas oder Pizzen

b ein Denkmal – zwei Denkmale oder Denkmäler

c ein Frack – zwei Fracks oder Fräcke

d ein Stock – zwei Stöcke oder Stöcker

170

Was versteht man unter einem »Hosenpaar«?

a ein einzelnes als Hose bekanntes Kleidungsstück

b traditionelle Kombination aus Tuchhose und langer Unterhose

c zwei Hosen derselben Machart (gleicher Stoff, gleicher Schnitt)

d ein Verkaufsangebot für zwei Hosen zum Preis von einer

171

Der für seinen leicht bitteren Geschmack beliebte Salatspross der Zichorienwurzel schreibt sich ...

a Chicorrée
b Schikoree
c Chiccoré
d Chicorée

172

In der Presse war zu lesen, »der emeritierte König Juan Carlos« habe Spanien nach Korruptionsvorwürfen verlassen und sei untergetaucht. Was bedeutet »Emeritierung«?

Böser Verdacht: Ex-König Juan Carlos flüchtet aus Spanien – nun bei Karibik-Milliardär untergetaucht?

Der emeritierte spanische König Juan Carlos teilt seinem Sohn in einem Brief mit, dass er Spanien verlassen wird. Dadurch erspart er König Felipe VI. eine schwierige Entscheidung.

(Quelle: merkur.de)

a Rücktritt von politischen Ämtern

b Abdankung/Thronverzicht eines Monarchen

c Rückzug in die Abgeschiedenheit

d altersbedingte Befreiung von der Dienstpflicht bei hohen katholischen Würdenträgern und Hochschulprofessoren

173

Nach Meinung von Arthur Schopenhauer, ..., sieht jeder die Grenzen seines Gesichtsfeldes als die Grenzen der Welt an. Was füllt die Lücke korrekt?

a der deutsche Philosoph

b des deutschen Philosophen

c dem deutschen Philosophen

d den deutschen Philosophen

174 Wer jemandem in guter Absicht etwas Schlechtes tut, der erweist ihm sprichwörtlich einen ...

a Pannendienst
b Heucheldienst
c Götzendienst
d Bärendienst

175 Was Ihnen der Friseur in allen Einzelheiten erzählt, das erzählt er Ihnen ...

a haargenau
b haarscharf
c haarklein
d haarfein

176 Von den folgenden vier Adjektiven ist nur eines richtig geschrieben. Welches?

a priviligiert
b entusiastisch
c fullminant
d renommiert

177

Es gibt in unserer Sprache eine Reihe von englischen Wörtern, die es im Englischen gar nicht gibt – oder die im Englischen etwas völlig anderes bedeuten. Diese Wörter nennt man Scheinanglizismen. Das berühmteste Beispiel ist das Wort »Handy«. »Handy« ist zwar ein englisches Wort, doch kein Hauptwort, sondern ein Adjektiv mit der Bedeutung »handlich, griffig, praktisch«. Ein weiteres Beispiel ist »Homeoffice«. In Deutschland versteht man darunter »Büroarbeit von zu Hause aus« oder kurz »Heimbüro«. In Großbritannien aber ist »Home Office« die Bezeichnung für das Innenministerium.

Von den folgenden vier Wörtern sind drei Scheinanglizismen. Nur eines ist ein echter Anglizismus. Welches?

a Beamer
b Talkmaster
c Oldtimer
d Countdown

178

Von welchem Dichter stammen die Worte »Frühling lässt sein blaues Band wieder flattern durch die Lüfte«?

a Eduard Mörike (1804–1875)

b Hoffmann von Fallersleben (1798–1874)

c Joseph von Eichendorff (1788–1857)

d Johann Wolfgang von Goethe (1749–1832)

179

Wenn Sie denken, Sie sind fürs Finale bereit, haben Sie sich womöglich zu früh gefreut. Diese Nuss müssen Sie noch knacken: Wie heißt das Sprichwort richtig?

a Früh gefreut, nie gereut.
b Früh bereit, spät gefreut.
c Früh gefreit, nie bereut.
d Früh gefreut, spät bereut.

180

Die Verfremdung von Wörtern und Geschichten nennt man auch »Verballhornung«. Das Wort »verballhornen« geht zurück auf …

a einen Lübecker Buchdrucker namens Johann Balhorn
b ein historisches Blasinstrument, dessen schiefe Töne gefürchtet waren
c das stark gekrümmte Horn eines Widders
d einen Berg in der Schweiz, dessen Talbewohner als besonders einfältig galten

Zwischenstand: .... Punkte

Am Eingang vom Supermarkt hängt dieses Schild –
doch wie viele Fehler sind wohl auf dem Bild?
So kurz vor dem Ziel wird man Sie nicht verschonen
mit Möglichkeitsformen und Präpositionen!

Welch Schreibreform hat man zuletzt vorgenommen?
Und woher mag wohl das Wort »abtrünnig« kommen?
Was ist Goethes »Werther« am Ende gescheh'n?
So lauten die Fragen in Quizrunde zehn!

QUIZRUNDE 10

181

Wie viele Fehler befinden sich auf diesem Schild?
(Die dreifachen Ausrufezeichen und die Leerzeichen davor nicht als Fehler mitgerechnet.)

a sieben Fehler
b acht Fehler
c neun Fehler
d zehn Fehler

182

Welcher dieser Meister ist kein Mensch, sondern ein Tier?

a Forstmeister
b Waldmeister
c Strandmeister
d Wasenmeister

183

Könnten Sie Konjunktiv? Von diesen vier Sätzen mit Konjunktiv ist nur einer korrekt. Welcher?

a Er glaubte, er hätte sich verhört.
b Man wird denken, du seist verrückt.
c Eva behauptete, sie wäre ihm nie begegnet.
d Du wirst dir noch wünschen, das alles sei nie passiert.

184

Im Büro hat der Chef das Sagen. Zu Hause allerdings hält seine Frau sprichwörtlich »das Heft in der Hand«. Welches Heft ist damit gemeint?

a das Zeugnisheft
b der Griff eines Schwertes
c das Bund sämtlicher Schlüssel eines Hauses
d das Haushaltsheft, in dem alle Ausgaben notiert werden

185

Die Wörter »bratwurst«, »kindergarten«, »okto-
berfest«, »pumpernickel« und »sauerkraut« sind
nur einige Beispiele für deutsche Wörter, die im
Laufe der Geschichte ins Englische übernommen
wurden. Insgesamt sind es mehrere Hundert.
Von den folgenden vier haben es nur drei ins
Englische geschafft. Welches deutsche Wort gibt
es im Englischen nicht?

a Kartoffel
b Schadenfreude
c Rucksack
d Gemütlichkeit

186

O weh! Es geht mal wieder um den kleinen, fei-
nen Unterschied. Eines dieser vier Wörter steht
für einen Blechkuchen, ein anderes für ein ste-
hendes Gewässer und eines für eine religiöse
Zeremonie. Ein weiteres steht für eine kleine
Siedlung und noch ein weiteres für einen Greif-
vogel. Auweia, das sind ja aber fünf! Eines hat
offenbar zwei Bedeutungen. Welches ist es?

a Wähe
b Weiler
c Weiher
d Weihe

187

Welche Schreibweise ist nicht erlaubt?

a zugrunde
b zunutze
c zuende
d zuliebe

188

Unsere Monatsnamen gehen auf die alten Römer zurück. Die letzten vier sind nach Zahlen benannt, die anderen nach römischen Göttern oder Kaisern, die Göttern gleichgesetzt wurden. Aber nicht alle. Der April zum Beispiel geht möglicherweise auf das Verb »aperire« zurück, das ein »sich öffnen« von Knospen und Blüten bedeutet – oder auf das Adjektiv »apricus«, das »sonnig« bedeutet. Hinter welchem der folgenden vier Monatsnamen verbirgt sich ebenfalls **keine** römische Gottheit?

a Januar
b Februar
c März
d Juni

189

Der Genitiv gerät zunehmend in Vergessenheit. Was früher noch »wegen eines Strafstoßes während des Spiels trotz eines Fouls nur dank des Eingreifens des Schiedsrichters« geschehen konnte, das passiert heute »wegen dem Strafstoß während dem Spiel trotz einem Foul dank dem Eingreifen vom Schiedsrichter«. Doch an den Regeln hat sich nichts geändert. Noch immer verzeichnen die Grammatikwerke eine nicht unerhebliche Anzahl von Präpositionen (wie z.B. »wegen«, »während«, »trotz« und »dank«), auf die standardsprachlich der Genitiv folgt. Wie viele sind es insgesamt?

a 19
b 23
c 57
d 96

190

Welche der folgenden Eigenschaften ist nicht geeignet, will man die Vorzüge eines Menschen beschreiben?

a engagiert
b versiert
c enerviert
d prädestiniert

191 2017 wurden die amtlichen Rechtschreibregeln noch einmal geringfügig reformiert. Welche Änderung trat dabei in Kraft?

a Man kann vom Wort »Eltern« jetzt auch den Singular bilden: der oder das Elter.

b Die Verwendung von Sternchen, Doppelpunkt oder großem »I« innerhalb eines Wortes ist jetzt mit den Regeln der deutschen Rechtschreibung vereinbar: Schüler*innen, Bürger:innen, MitarbeiterInnen.

c Der Buchstabe ß wurde als GROẞBUCHSTABE zugelassen.

d Englische Wörter auf -ness wurden eingedeutscht und dürfen jetzt mit der Endung »-nis« geschrieben werden: Fairnis, Fitnis, Wellnis etc.

192 Wenn ein Schweizer von einem »Verschrieb« spricht, dann meint er …

a eine amtliche Verordnung
b eine Verschreibung vom Arzt
c eine Strafanzeige
d einen Rechtschreibfehler

193

Bisweilen tauchen in der Presse Namen von Städten auf, von denen man noch nie gehört hat. Tatsächlich gibt es sieben deutsche Städte, die auf »-hafen« enden. Drei davon schreiben sich allerdings mit »v«, enden also auf »-haven«. Welches dieser vier Paare ist als einziges korrekt?

> nommen werden sollte, gelang ihm die Flucht. Nach einer Woche wurde David H. gefasst. Er sitzt seitdem in Untersuchungshafen.
> Die Mutter hatte in Wolgast gelebt. Im Sommer 2018 war sie mit

a Ludwigshafen und Wilhelmshafen
b Wilhelmshaven und Friedrichshafen
c Bremerhaven und Heiligenhaven
d Cuxhafen und Bad Karlshafen

194

»Mit Mengenlehre kenne ich mich nicht aus«, sagte der Vater zum Lehrer. »Das sind für mich ...«

a polnische Dörfer
b spanische Dörfer
c böhmische Dörfer
d römische Dörfer

195

Nur einer dieser Sätze ist grammatisch korrekt. Welcher?

a Er enthielt sich jeglichen Kommentars.

b Vielleicht lässt er sich eines Besseren besinnen.

c Es ist gut, dass sich mal jemand diesem Thema annimmt.

d Einem solchen Ansturm konnte er sich kaum erwehren.

196

Mit welchem Wort ist das Adjektiv »abtrünnig« verwandt?

a treu

b trennen

c Thron

d trügen

197

Das Verb »verlegen« hat mindestens vier unterschiedliche Bedeutungen, denn man kann als Teppichverleger Teppich verlegen, als Buchverleger Bücher verlegen, als Leser seine Brille verlegen und sich beim Schlafen den Hals verlegen. Wie viele unterschiedliche Bedeutungen hat hingegen das Verb »versetzen«?

a fünf
b sieben
c acht
d zehn

198

Was verbindet »Haribo« und »Ikea« mit »Nato« und »Unesco«?

a Alle vier sind Firmennamen.
b Alle vier sind Akronyme.
c Alle vier sind Pseudonyme.
d Alle vier werden regelgemäß in durchgehenden Großbuchstaben geschrieben.

199

Eine der berühmtesten Geschichten, die man alle Jahre wieder zur Weihnachtszeit hören kann, beginnt mit den Worten »Es begab sich aber zu der Zeit, dass ein Gebot von dem Kaiser Augustus ausging, dass alle Welt geschätzt würde«. Man findet sie im Neuen Testament, im Evangelium des Lukas, Kapitel 2, Vers 1 in der Übersetzung Martin Luthers. Was drückt das »aber« bei Luther aus?

a Es drückt einen Gegensatz aus wie »jedoch, hingegen«.

b Es drückt eine Einschränkung aus wie »allerdings, indessen«.

c Es drückt eine Verknüpfung aus wie »und, außerdem«.

d Es drückt eine Betonung aus wie »in der Tat, tatsächlich«.

200

Goethes Briefroman »Die Leiden des jungen Werthers« wurde bereits früh nach seinem Erscheinen 1774 in mehrere Sprachen übersetzt und machte den Dichter weit über die Grenzen Deutschlands hinaus bekannt. 1787 überarbeitete Goethe den Roman, wobei er zahlreiche Änderungen an Schreibweisen und Formulierungen vornahm und inhaltlich einiges ergänzte. 50 Jahre nach der Erstveröffentlichung kam noch eine letzte Änderung hinzu, die bis heute beibehalten wurde. Was nämlich wurde zuletzt noch geändert?

a der Titel des Romans
b der Name des Protagonisten
c der Name des Verfassers
d der Ort der Handlung

Zwischenstand: .... Punkte

DIE LÖSUNGEN

1

Heike und Olli lieben All-inclusive-Reisen. Die meiste Zeit verbringen sie am ...

c Büfett

Das »Büfett« kommt vom französischen Wort »buffet«. Neben der deutschen Schreibweise mit »ü«, einem »f« und Doppel-»t« ist (vor allem in Österreich und in der Schweiz) auch die Schreibweise »Buffet« gültig. Die eigentliche Bedeutung des Wortes ist »Anrichte, Theke, Geschirrschrank«. Das Büfett ist also ursprünglich ein Möbelstück. Später hat es die Bedeutung »Auswahl verschiedener Speisen zur Selbstbedienung« erhalten.

2

Eine Frage nicht nur für Hitzköpfe und Heißsporne: Was ist eine Kaltmamsell?

b eine Köchin für die Zubereitung kalter Speisen

Die Kaltmamsell ist eine Angestellte in der Gastronomie, die für das Zubereiten und die Ausgabe kalter Speisen zuständig ist. Das Wort »Mamsell« wurde im 18. Jh. aus frz. »Mademoiselle« (Fräulein) entlehnt und war eine Bezeichnung für weibliche Hausangestellte in leitenden Positionen. In großen Bürgerhaushalten gab es die Küchenmamsell, die über das Küchenpersonal wachte, und die kalte Mamsell, die für kalte Speisen und Büfetts zuständig war. Das männliche Pendant zur Kaltmamsell ist der Gardemanger, der Koch der kalten Küche. Weil die Bezeichnung »Kaltmamsell« inzwischen veraltet ist, wird »Gardemanger« heute sowohl für männliche als auch für weibliche Kaltspeisenköche benutzt. Mit den Eisheiligen haben beide nichts zu tun: Die fünfte der Eisheiligen ist die »Kalte Sophie«.

3

Und da soll man nicht närrisch werden? In dreien dieser Redewendungen ist sprichwörtlich der Wurm drin. Nur eine ist korrekt. Welche?

Auch der Wurm krümmt sich, wenn er getreten wird.   (d)

Korrekt ist nur die Redewendung, in der tatsächlich der Wurm steckt. Dieses Sprichwort mahnt zu fairem Verhalten gegenüber Schwächeren, denn auch der Furchtsame und Unterlegene begehrt auf, wenn er zu sehr bedrängt wird.

Bei Friedrich Nietzsche hingegen steht der gekrümmte Wurm nicht für Aufbegehren, sondern für Gefügigkeit: »Der getretene Wurm krümmt sich. So ist es klug. Er verringert damit die Wahrscheinlichkeit, von neuem getreten zu werden. In der Sprache der Moral: Demut.« (»Sprüche und Pfeile«, 1889)

Die anderen Sprichwörter lauten korrekt:

Ein Glaube ohne Tat ist ein Feld ohne **Saat.**

Narrenhände **beschmieren** Tisch und Wände.

Unter den Blinden ist der **Einäugige** König.

4

Was ist Ihrer Meinung nach richtig?

Meines Wissens ist c richtig.   (c)

Die feste Wendung »meines Wissens« steht im Genitiv, und zwar ohne die Präposition »nach«, denn »nach« verlangt den Dativ.

Ein Lehnwort aus dem Französischen mit der Bedeutung »Allerlei, kunterbunte Mischung« schreibt sich wie?

a Potpourri

Das französische »pot-pourri« bedeutete ursprünglich »Topf mit Verfaultem«, also verdorbene Speisen. Lange genug geköchelt und großzügig gewürzt, ließ sich daraus immer noch eine genießbare Mahlzeit gewinnen. In der bürgerlichen Wohnkultur des 18. und 19. Jahrhunderts war »Potpourri« der Name für ein vasenförmiges Gefäß, in dem wohlriechende Pflanzenteile als Duftspender aufbewahrt wurden. In der Musik wird der Begriff »Potpourri« seit dem 18. Jahrhundert für Stücke verwendet, die sich aus verschiedenen bekannten Melodien zusammensetzen. In dieser Bedeutung ist »Potpourri« jedoch in jüngerer Zeit vom englischen Wort »Medley« weitestgehend verdrängt worden.

In Rotlichtvierteln gibt es manch schummrige Kaschemme und manch dunkle …

b Spelunke

Der Begriff »Spelunke« geht auf das lateinische Wort »spelunca« zurück, das »Höhle, Grotte« bedeutet. Das Wort »Kaschemme« hingegen hat sich höchstwahrscheinlich aus Romani »katšima« entwickelt, das »Wirtshaus« bedeutet.

7

Wilhelmine Lübke war die Ehefrau Heinrich Lübkes, ...

des zweiten Bundespräsidenten.

d

Der Beisatz (fachsprachlich: Apposition) steht immer im gleichen Fall wie der Name, auf den er sich bezieht. Auf dem Foto mag Heinrich Lübke neben seiner Ehefrau stehen, im Text indes steht er im Genitiv, daher muss auch der Beisatz im Genitiv stehen.

Wilhelmine und Heinrich Lübke 1963

8

Das Wort »Ungeziefer« ist als Gegenteil zum Wort »Geziefer« entstanden, das vor langer Zeit untergegangen ist. Was mag es bedeutet haben?

Opfertier

d

Geziefer waren Tiere, die man als Opfer darbringen konnte (zu Althochdeutsch »zebar« = Opfer). Alle Tiere, die es nicht wert waren, geopfert zu werden, waren folglich Ungeziefer. Dazu gehörten anfangs auch Mäuse und Vögel, später hat sich die Bedeutung auf Insekten verengt. Mit fortschreitender Christianisierung verloren die Tieropfer im frühen Mittelalter an Bedeutung, sodass das Wort Geziefer in Vergessenheit geriet.
Das Ungeziefer indessen konnte sich bis heute halten.

Nur eines dieser vier Beispiele ist in Hinblick auf die Rechtschreibung korrekt. Welches?

 so weit, so gut

Die Konjunktionen »soviel« und »soweit« werden zusammen-geschrieben (»soweit ich weiß«, »soviel mir bekannt ist«); die Kombination aus Adjektiv (»weit«, »viel«) und vorangestelltem betonendem »so« wird hingegen immer in zwei Wörtern geschrie-ben: so weit die Füße tragen; so viel kostet es nicht; so weit, so gut.

Welche dieser vier Epochen ist keine Literaturepoche?

a ~~Jugendstil~~

»Jugendstil« (in Öster-reich auch als »Secessi-onsstil« bekannt, in England und Frankreich als »Art Nouveau«) ist ein Epochenbegriff für Archi-tektur, bildende Kunst und Design im Zeitraum zwischen 1895 und 1914. (Das Foto zeigt eine von vielen gut erhaltenen Fassaden im Jugendstil-Viertel der Stadt Riga.)
Aufklärung (ca. 1720–1785), Sturm und Drang (ca. 1767–1785) und Realismus (ca. 1795–1840) sind Epochen der deutschsprachigen Literatur. Als bedeutendster Vertreter der Aufklärung gilt Gotthold Ephraim Lessing; die namhaftesten Vertreter des Sturm und Drang

waren Johann Wolfgang von Goethe und Friedrich Schiller (die auch noch die nachfolgende Epoche der Klassik prägten); und der neben Adalbert Stifter, Marie von Ebner-Eschenbach, Gottfried Keller und Wilhelm Raabe wohl bekannteste Vertreter des Realismus war Theodor Fontane.

Die zur Zeit des Jugendstils entstandene Literatur wird unter dem Epochenbegriff »Moderne« (ca. 1890–1920) zusammengefasst. Zu den wichtigsten Vertretern der Moderne zählen Gerhart Hauptmann, Arthur Schnitzler, Stefan Zweig, Rainer Maria Rilke, Hermann Hesse und Thomas Mann.

11 Befindet man sich an einer Stelle, an der etwas geschieht oder geschehen soll, so ist man …

vor Ort   (b)

Der Ausdruck »vor Ort« entstammt der Bergmannssprache. »Ort« bedeutete im Mittelalter so viel wie »Punkt, Spitze« (einer Waffe), »äußeres Ende, Rand«. »Das Ort« (im Plural »die Örter«) im Bergbau bezeichnet folglich das Ende einer Abbaustelle, also jenen Punkt, bis zu dem sich die Bergleute vorgearbeitet hatten. Wer »vor Ort« war, der befand sich dort, wo gerade gebohrt, gegraben oder geschaufelt wurde – also meistens unter Tage, mitten im Geschehen. Daraus entwickelte sich im 20. Jahrhundert die übertragene Bedeutung »am Ort des Geschehens«.

»Man nehme etwas Dill«, murmelte der Zauberlehrling, »und reichlich Tand ...« – »Moment!«,
unterbrach der Zaubermeister; »was soll das
werden?« – »Ich weiß schon, was ich tue«, erwiderte der Lehrling. »Ich bin schließlich kein ...«

(c) **Dilettant**

Das Wort »Dilettant« wurde im 18. Jahrhundert aus dem Italienischen entlehnt. Es geht auf lateinisch »delectare« zurück, das
»sich angenehm beschäftigen, ergötzen« bedeutet. Ursprünglich
war ein Dilettant ein Kunstliebhaber, aber da ein Liebhaber nicht
unbedingt auch ein Kenner sein muss, wandelte sich die Bedeutung im Laufe der Zeit zu »Laie« und schließlich »Stümper«.

Was wir Ihnen heute nicht beibringen, ...

(a) **das können wir Sie morgen lehren.**

Das Verb »lehren« steht standardsprachlich mit doppeltem Akkusativ: jemanden etwas lehren. Im Süddeutschen wird stattdessen
oft »lernen« mit Dativ gebraucht. Das ist jedoch mundartlich und
entspricht nicht dem, was man die Schüler in der Schule lehrt.

Nachhilfe

Wer lernt meinem Sohn Englisch?
Tel. ab 14 Uhr: 0941/ ▮▮▮▮

14

NRW und BW sind die Abkürzungen für die Bundesländer ...

c

Nordrhein-Westfalen und Baden-Württemberg

Beim Familiennamen Westphal / Westfal kommt die Schreibung mit »ph« sehr viel häufiger vor als die mit »f«. Das Bundesland aber wird mit »f« geschrieben. Der Name geht möglicherweise auf das altnordische Wort »fal(ah)« mit der Bedeutung »flaches Land« zurück. Württemberg wird zwar meistens »Würtenberg« gesprochen, die orthografische Darstellung hingegen gestaltet sich um einiges anspruchsvoller. Bis ins 14. Jahrhundert wurde der Name noch »Wirtenberg« geschrieben. Der Ursprung könnte – genau wie beim Namen der französischen Stadt Verdun – ein keltisches »virodunum« (viro = Mann / dunun = Berg) sein.

15

»Einer Sache gewahr werden« ist eine wahrlich schöne alte Formulierung im Genitiv. Aber was bedeutet »gewahr werden« überhaupt?

b

bemerken / erkennen

Wer einer Sache »gewahr« wird, der erkennt sie, bemerkt sie: »Zu spät wurde er der Gefahr gewahr.« Es steckt das indogermanische »were« darin, das »beobachten« bedeutet. Auch die Wörter »wahren«, »bewahren«, »Gewahrsam«, »wahr«, »wahrlich«, »wahrnehmen«, »Wahrnehmung« und »Wahrheit« gehen auf diese Wurzel zurück, ebenso die lateinischen Wörter »verus« (wahr) und »veritas« (Wahrheit). Der Begriff »Wahrheit« bedeutet demnach »das, was man beobachtet hat«.

Was mir lästig ist und mich stört, das geht mir
sprichwörtlich gegen ...

16

d **den Strich**

Mit dem Strich ist die Richtung des Fellwuchses bei Tieren gemeint. Gerade Katzen reagieren besonders empfindlich, wenn man
sie gegen den Fellstrich berührt. Diese Beobachtung wurde auf
den Menschen übertragen. Was mir gegen den Strich geht, kann
mir auch **auf** den Zeiger gehen oder **auf** den Senkel. Und was mir
zu weit geht, das geht mir **über** die Hutschnur.

17

Es gilt beim Spiel mit schnellen Bällen, im Motorsport und anderen Fällen: Man hüte sich vor
den ...

b **Aufprallen**

Die Mehrzahl von »Ball« lautet zwar »Bälle« und die von »Fall«
lautet »Fälle«, doch die Mehrzahl von »Prall« ist »Pralle«, so wie
auch »der Knall« zu »die Knalle« wird. Für den Aufprall gilt natürlich das Gleiche wie für den Prall. Im Dativ werden »Aufpralle« zu
»Aufprallen«.

18

Welches dieser vier Fremdwörter tanzt hinsichtlich seiner Herkunft und Bedeutung aus der Reihe?

Paragraf

(a)

Das Wort »Paragraf« (wörtliche Bedeutung = das Danebengeschriebene) wurde aus dem Griechischen entlehnt, während »Parasol« (Sonnenschirm), »Paravent« (Windschutz, Wandschirm) und »Parapluie« (Regenschirm) französischen Ursprungs sind (wobei die französische Vorsilbe »para« in der Bedeutung »gegen« ihrerseits aus dem Griechischen übernommen wurde). Bei Parasol, Parapluie und Paravent bedeutet »Para-« so viel wie »Schutz vor …« oder »Schirm gegen …«. Der Paragraf hingegen bietet weder Schutz noch Schirm, sondern ist ein Abschnitt in Gesetzestexten, Vertragswerken oder wissenschaftlichen Arbeiten.

19

Nur eines dieser Wörter beschreibt eine korrekte Drehung. Welches?

Weltenwende

(c)

Nur die Weltenwende, ein Synonym für einschneidende Veränderungen der gesellschaftlichen Verhältnisse auf der Welt, ist korrekt geschrieben. Die Kehrtwende schreibt sich mit »t«, die Trendwende mit »d«, und Spundwände haben nichts mit einer Wende zu tun, da es sich hierbei um den Plural von »Spundwand« handelt, einer aus in den Boden gerammten Bohlen bestehenden Wand zum Schutz vor Regen- und Grundwasser.

20

Woher kommt das Wort »Tohuwabohu«, das so viel wie »Durcheinander« und »Chaos« bedeutet?

 aus dem Hebräischen

Das Tohuwabohu geht auf den hebräischen Urtext der biblischen Schöpfungsgeschichte zurück. Dort wird die Welt zu Beginn als »tohû wạ vohû«, als »Wüste« (im Sinne von Chaos) und »Leere«, beschrieben: »Am Anfang schuf Gott Himmel und Erde, und die Erde war wüst und leer.«

21

Einfaches »s«, Doppel-»s« oder »ß«? Nur eines dieser Wörter ist korrekt geschrieben. Welches?

 Nieswurz

Die Nieswurz ist eine Pflanze, die auch Schneerose oder Christrose genannt wird. Der Name Nieswurz kommt vom Verb »niesen«, denn aus Teilen der Pflanze lässt sich ein Pulver gewinnen, das Niesreiz auslöst. »Grieß« wird mit »ß« geschrieben, ebenso alle damit zusammengesetzten Speisen wie Grießbrei, Grießknödel und Grießpudding. Allein der »Griesgram« wird mit einfachem »s« geschrieben, er ist auch längst nicht so nahrhaft. Der Geißbock wird mit »ß« geschrieben, der Fliesenleger hingegen mit einfachem »s«, sonst würde er keine Fliesen legen, sondern beim Legen fließen.

22

Was mag die alte Redensart »Erst die Pfarre, dann die Quarre« bedeutet haben?

Erst heiraten, dann Kinder kriegen.

»Quarre« ist ein altes, aus Lautmalerei entstandenes Wort für »Schreihals«, »Plagegeist«. In dem genannten Sprichwort steht es scherzhaft für den Nachwuchs und ermahnt, dass man erst heiraten soll, bevor man sich ans Kinderkriegen macht.

23

Welcher dieser vier literarischen Begriffe steht für ein kurzes Spottgedicht?

Epigramm

Ein Aphorismus ist ein oft in Reimform verfasster Sinnspruch. Ein Pamphlet ist eine Schmähschrift, die zwar durchaus spöttischer

Natur sein kann, aber nicht in Gedichtform abgefasst sein muss. Ein Epitaph (von gr. »epitáphios« = zum Grab gehörend) ist eine Grabinschrift. Auch das Epigramm (von gr. »epigramma« = Aufschrift) war ursprünglich eine Inschrift auf Kunstwerken, Weihgaben und Gräbern. Im Laufe der Jahrhunderte erweiterte sich die Bedeutung jedoch zu einer pointierten, spöttischen Form der Dichtung.

Berühmte Beispiele für Verse in Epigramm-Form sind die »Xenien« von Goethe und Schiller, in denen sich die beiden Dichter in spöttischer Weise über die Literaturzunft ihrer Zeit ausließen.

24

Hier sieht man einen Eimer und zwei ...

b) **Wischmopps**

Das aus dem Englischen stammende Wort »Mopp« (engl. »mop«) wird seit der Rechtschreibreform mit Doppel-p geschrieben. Und wie bei den meisten aus dem Englischen stammenden Fremdwörtern wird die Mehrzahlform einfach durch Anhängen eines »s« gebildet.

Dass es mit der Wahl der richtigen Pluralform manchmal nicht ganz leicht ist, beweist auch dieses Fundstück aus einem Supermarkt in Neuruppin, das man in sprachlicher Hinsicht wohl als einen echten Klops bezeichnen darf:

25

Lange bevor es das Wort »Mobbing« gab, wurden Schüler schon von anderen ...

a

gepiesackt und verhohnepipelt.

Das aus dem Niederdeutschen stammende Verb »piesacken« bedeutet »quälen«, es ist wahrscheinlich eine Ableitung vom »ossenpesek«, dem Ochsenziemer, einem Züchtigungswerkzeug aus Ochsensehnen (von mittelniederdeutsch »pese« = Sehne). Das Verb »verhohnepipeln« ist vermutlich aus dem obersächsischen »hohlhippeln« entstanden, einer Ableitung der Hohlhippe, einer rohrförmig gedrehten Waffel. Das lautstarke Anpreisen der Hohlhippen durch die Waffelverkäufer wurde im Volksmund zunächst zum Synonym für Übertreibung und Marktschreierei. Durch die Ähnlichkeit mit dem Wort »Hohn« erlangte es später die Bedeutung »verhöhnen« und »verspotten«.

In welchem dieser Beispiele mit wörtlicher Rede **26**
sind die Zeichen richtig gesetzt?

  a »Hallo«, sagte er. Sie erwiderte: »Servus.«

Zwischen wörtlicher Rede und nachgestelltem Begleitsatz steht
immer ein Komma. Das Komma steht außerhalb der wörtlichen
Rede, also hinter dem Abführungszeichen. Bei vorangestelltem
Begleitsatz wird die wörtliche Rede mit einem Doppelpunkt eingeleitet. Sie schließt mit einem Satzzeichen (Punkt, Ausrufe- oder
Fragezeichen), das innerhalb der wörtlichen Rede steht, also vor
dem Abführungszeichen.

Auf die Gefahr hin, dass es Ihnen an dieser Stelle **27**
zu bunt wird: Welches dieser Verben kann als einziges auch in zwei Wörtern geschrieben werden?

d **weißwaschen**

Rotsehen, blaumachen und schwarzfahren sind allesamt Verben, in
denen die Farbe eine übertragene Bedeutung angenommen hat.
Daher kann das Farbadjektiv nicht allein stehen. Nur bei »weißwaschen« ist Getrenntschreibung möglich, nämlich wenn es um
Wäsche geht, die so rein gewaschen wird, dass sie hinterher strah-
lend weiß ist: »die Wäsche weiß waschen«. In der Bedeutung
»jemanden von einem Vorwurf befreien« wird »weißwaschen«
wiederum immer zusammengeschrieben.

28

Welche Zeitformen des Verbs »schelten« gehören in die Lücken?

schiltst, schaltst, gescholten

c

Das Verb »schelten« ist unregelmäßig und hat im Präsens die Formen »ich schelte, du schiltst, er / sie / es schilt, wir schelten, ihr scheltet, sie schelten«. Die Formen des Präteritums lauten »ich schalt, du schalt(e)st, er / sie / es schalt, wir schalten, ihr schaltet, sie schalten«. Das Perfektpartizip schließlich lautet »gescholten«. Um ihrem Mann Einhalt zu gebieten, kann Frau Zierlich ihn höflich im Konjunktiv bitten: »Ach, schältest du mich doch nicht immer!« Wenn ihr der Konjunktiv aber nicht scharf genug ist, kann sie sich auch des Imperativs bedienen: »Schilt mich nicht immer!«

29

Mit salbungsvollen Worten und theatralischen Gesten gestand er ihr seine Liebe. Das wurde ihr dann allerdings doch zu …

pathetisch

d

Wenn etwas besonders ausdrucksvoll und feierlich vorgetragen wird (im negativen Sinne auch übertrieben gefühlvoll und schwülstig), dann klingt es »pathetisch«. Das ist eine Ableitung vom griechischstämmigen Wort »Pathos«, das »Inbrunst« bedeutet.

Das Adjektiv »pathologisch« steht für »krankhaft (verändert)«; »apathisch« heißt so viel wie »teilnahmslos«, »gleichgültig«. »Empathisch« ist ein Fachbegriff der Psychologie und steht für die Fähigkeit zur Anteilnahme und zum Mitgefühl. Das sehr ähnlich

aussehende »emphatisch« bedeutet »mit Nachdruck, eindring-
lich« und käme hier ebenfalls als Antwort in Frage, doch stand es
nicht zur Auswahl.

Der Dichter kennt für die Tulpe noch das alte Wort …

d **Tulipan**

»Tulipan« geht auf das persische »dulband« zurück, ein Wort für
die farbenprächtige Kopfbedeckung der Männer, die bei uns als
»Turban« bekannt wurde. Da der Tulpenkopf in Form und Farbe an
einen Turban erinnert, wurde die Blume nach der Kopfbedeckung
benannt. Über das türkische »tülbend« gelangte sie als »Tulipan«
zu uns, wo sich der Name im Laufe der Zeit zu »Tulpe« verkürzte.
Im 17. Jahrhundert schrieb Paul Gerhardt in dem Gedicht »Geh aus,
mein Herz, und suche Freud«: »Narzissus und die Tulipan, die
ziehen sich viel schöner an als Salomonis Seide.«

Als »Paradeiser« bezeichnen Österreicher …

b **Tomaten**

In Österreich und Südtirol werden
Tomaten »Paradeiser« genannt, gele-
gentlich auch »Paradeisapfel«. In
Deutschland war die Tomate auch als
»Liebesapfel« oder »Goldapfel«
bekannt, in Anlehnung an die italieni-

sche Bezeichnung »pomodoro« (= goldener Apfel). Der Name
»Tomate« setzte sich erst im 19. Jahrhundert durch. Er geht auf
das Wort »tomatl« aus einer Aztekensprache zurück.

32 Ein Luftfeuchtigkeitsmesser ist ein ...

Hygrometer

b

Das griechische »hygrós« bedeutet »feucht«. Ein Hygrometer ist
also ein Feuchtigkeitsmesser. Ein Hydrometer ist ein Instrument
zur Messung der Dichte von Flüssigkeiten, denn »hydro« geht auf
»hýdor« zurück, das griechische Wort für Wasser. Die Vorsilbe
»hyper« bedeutet »über, hinaus«, »hypo« hingegen »unter, darunter«. Ein Hypermeter ist ein Begriff aus der Dichtkunst und
bezeichnet eine Silbenüberlänge im Vers. Was hingegen ein Hypometer sein soll, ist nicht bekannt.
Während das Wort »Meter« als Längenmaß überwiegend männlich
gebraucht wird (der Meter, der Zentimeter, der Millimeter, der
Kilometer etc.), sind Zusammensetzungen mit »-meter« in der
Bedeutung »Messgerät« in der Regel sächlich: das Thermometer,
das Barometer, das Hygrometer. Der Grund dafür liegt in der Herkunft: Das Messgerät geht auf das lateinische »metrum« zurück,
das sächlich ist. Letztlich ist zwar auch das Längenmaß auf das
lateinische »metrum« zurückzuführen, doch nahm es einen
Umweg über das Französische, wo es männlich wurde, da es im
Französischen kein Neutrum gibt.

33

Welcher dieser vier Wagen ist definitiv nicht für den Personentransport geeignet?

Leuwagen

Im Kranwagen kann zumindest der Kranwagenführer sitzen; in Planwagen gelangten einst ganze Familien in den Wilden Westen; auch auf einem Heuwagen (oder Leiterwagen) finden im Bedarfsfall mehrere Menschen Platz. Ein Leuwagen indes ist kein Gefährt, sondern ein Schrubber. Das Wort stammt aus dem Niederdeutschen und ist eine Zusammensetzung aus »leu« (faul, bequem, leicht) und »wegen« (von »bewegen«). Ein Leuwagen ist also ein nützliches Ding, das sich leicht bewegen lässt. Personen haben darauf keinen Platz, allenfalls ein »Feudel«, wie man im Niederdeutschen zum Wischlappen sagt.

Darüber hinaus bezeichnet das Wort »Leuwagen« eine quer zum Rumpf befestigte Stange auf Segelbooten, auf der der Schotblock hin- und hergleitet.

34

Den Bock zum Gärtner machen bedeutet ...

b **einen Untauglichen mit einer Aufgabe betrauen, bei der er nur Schaden anrichtet**

Die Wendung »den Bock zum Gärtner machen« bezieht sich auf den Ziegenbock, der im Garten nur Schaden anrichtet, indem er alle jungen Triebe abfrisst. Als Gärtner ist er also völlig ungeeignet.

35

Welches Verb ist anders zusammengesetzt als die anderen?

untertauchen

(c)

»Untertauchen« ist als einziges der vier ein trennbares Verb, das heißt, die Vorsilbe »unter« kann abgetrennt werden: »Er tauchte unter« (nicht: er untertauchte). Das Perfektpartizip wird mit eingeschobenem »ge« gebildet: »Er ist untergetaucht.«
Die drei anderen sind untrennbare Verben (ich unterwerfe, du unterzeichnest; man unterscheidet; nicht: ich werfe unter, du zeichnest unter, man scheidet unter) und werden im Perfekt ohne »ge« gebildet: unterworfen, unterschieden, unterzeichnet (nicht: untergeworfen, untergeschieden, untergezeichnet).
Der Unterschied macht sich auch in der Betonung bemerkbar: Als trennbares Verb trägt »untertauchen« den Hauptton auf der ersten Silbe. Die anderen tragen den Hauptton jeweils auf dem Verbstamm.

36

Welche Bedeutung hat das Adverb »schlechterdings«?

geradezu, ganz und gar

(c)

»Schlechterdings« bedeutet »schlicht und einfach«, »absolut«, »geradezu«, »ganz und gar« und ist somit gleichbedeutend mit den ähnlich klingenden Adverbien »schlechthin« und »schlichtweg«. Es gilt als veraltet, doch steht es immer noch im Wörterbuch, genau wie das gleichbedeutende »platterdings«, das allerdings als umgangssprachlich angesehen wird.

Was bedeuten »Gugel« und »Hupf«?

d **Kopftuch und Hefe**

Der erste Bestandteil des Wortes leitet sich vom mittelhochdeutschen »gugele« (Kapuze, Kopftuch) ab, welches wiederum lateinischen Ursprungs ist (»cuculla«). Die Form des Kuchens erinnerte an das Kopftuch der Bäuerinnen, das »Gugel« genannt wurde. Der Hupf (oder auch Hopf) ist eine Nebenform des Wortes »Hefe«, da der Kuchen traditionell aus Hefeteig gebacken wird. Der Gugelhupf ist auch in Frankreich bekannt, dort heißt er »kougelhopf« oder kurz »kouglof«. Mit der Internet-Suchmaschine »Google« hat der Gugelhupf trotz ähnlichen Klangs nichts zu tun.

Welche dieser vier Wortzusammensetzungen haben wir nicht den alten Griechen zu verdanken?

c **Achillesverse**

Auch wenn Achilles' Berühmtheit auf den Versen des antiken Dichters Homer beruht, so beruhen die »Achillesverse« auf einem orthografischen Missverständnis. Denn aus der griechischen Mythologie ist nur die Achillesferse mit »f« bekannt, jene tödliche Schwachstelle am Körper des ansonsten unverwundbaren Helden. Neben den leicht zu verwechselnden Wörtern »Ferse« und »Verse« gibt es noch die »Färse«. So wird eine Jungkuh genannt, die noch nicht gekalbt hat.

Von der Leyen hatte sicherlich die Ferse im Sinn – in der »Westdeutschen Zeitung« wurde daraus ein Stück Dichtkunst.

Die Sicherung der Fachkräfte sei „die Achillesverse der deutschen Wirtschaft", meinte von der Leyen gestern bei der Vorstellung des aktuellen Regierungsberichts zur Arbeitsmarktsituation.

39

Welche Jahreszeit unterscheidet sich in grammatischer Hinsicht von den anderen?

Frühling

Der Frühling unterscheidet sich grammatisch von den drei anderen Jahreszeiten. Bei Zusammensetzungen erhält der Frühling immer ein Fugen-»s«, die anderen kommen ohne Fugenzeichen aus: Sommerzeit, Herbstzeit, Winterzeit, aber: Frühlingszeit. Von Sommer, Herbst und Winter lassen sich Adjektivformen mit der Endung »-lich« bilden: sommerlich, herbstlich, winterlich. Doch »frühlinglich« gibt es nicht, allenfalls »frühlingshaft«. Dass der Frühling zu anderen Wortbildungen führt, liegt an seiner Endung auf »-ling«, die sich nicht an Sommer, Herbst oder Winter orientiert, sondern an anderen Wörtern auf »-ling«. Früher hieß der Frühling auch noch »Lenz«, und in dieser Form harmonierte er mit den anderen drei, denn der Lenz benötigte bei Zusammensetzungen kein Fugen-»s«, und das von ihm abgeleitete Adjektiv lautete »lenzlich«. Dieses ist allerdings gänzlich untergegangen.

40

Welcher dieser Comics stammt von einem deutschen Schöpfer?

Fix und Foxi

Die Comicfüchse Fix und Foxi sind eine Schöpfung des deutschen Comiczeichners und Verlegers Rolf Kauka (1917–2000). Sie erschienen erstmals 1953 und gelangten sehr schnell zu großer Beliebtheit, sodass Kauka ein wöchentlich erscheinendes Magazin produzierte, das sich über fünf Jahrzehnte lang hielt und in seinen besten Zeiten eine Auflage von 400 000 Exemplaren hatte. 2017 wurden die beiden Füchse sogar auf einer Briefmarke verewigt.

»Tim und Struppi« ist eine Comicreihe des belgischen Autors Hergé, »Asterix« eine Schöpfung des französischen Texters René Goscinny und des Zeichners Albert Uderzo. »Die Schlümpfe« erschuf der belgische Comiczeichner Pierre Culliford, genannt Peyo.

41

Wir treffen uns jeden Samstagabend.
Anders ausgedrückt:

c **Wir treffen uns immer samstagabends.**

Das Adverb »samstagabends« wird klein- und zusammengeschrieben. Man kann die Zeitangabe auch mit zwei getrennten Adverbien darstellen: »samstags abends«.

42

Auf den ersten Blick scheinen diese vier allesamt Fremdwörter zu sein. Doch eines ist ein unechtes, nämlich welches?

b **Pauschale**

Finale, Spirale und Zentrale gehen auf die lateinischen Wörter »finalis« (am Ende befindlich), »spiralis« (gewunden) und »centralis« (im Mittelpunkt) zurück. »Pauschale« hingegen ist eine latinisierende Neubildung der Kanzleisprache mit dem Wort »Pausch«. Dieses kommt – wie die Pausbacken und der Wattebausch – vom Verb »bausen« oder »bauschen«, das »aufblasen, aufschwellen« bedeutet. Die wörtliche Bedeutung von »Pauschale« ist also das Aufgeblasene, in der übertragenen Bedeutung: das Gesamte.

43

Wirkliche Tiere sind sie alle nicht.
Aber eines unterscheidet sich semantisch von den drei anderen. Nämlich welches?

Steckenpferd

Naschkatze, Leseratte und Rampensau sind Bezeichnungen für Menschen mit besonderen Neigungen. Das Steckenpferd hingegen ist kein Mensch, sondern eine Liebhaberei, ein Hobby.

44

Entscheiden Sie nach Ihrem Belieben!
Tun Sie einfach, ...

wie es Ihnen beliebt.

Richtig ist »wie es Ihnen beliebt«, denn wenn es jemandem beliebt oder gefällt oder genehm ist, dann immer im Dativ.

45

Eine alte Bauernweisheit lautet:

Sich regen bringt Segen.

Sich regen (d. h.: sich bewegen, arbeiten) bringt Segen – denn ohne Fleiß keinen Preis!

Ein Mitarbeiter schreibt der Geschäftsleitung, er sei »indigniert«. Die Geschäftsleitung schließt daraus, der Mitarbeiter ist …

c **empört**

»Indigniert« kommt vom lateinischen »indignatio«, was »Unwille, Entrüstung« bedeutet. »Indigniert sein« heißt also »unwillig sein, entrüstet sein, empört sein«.

Wie viele Kommas gehören in diesen Satz?

b **eins**

Nach langem Hin und Her habe ich mich zum Kauf eines neuen, verbesserten Programms entschlossen.

Ein Komma ist erforderlich, und zwar zwischen »neuen« und »verbesserten«, da dies eine Aufzählung gleichrangiger Eigenschaftswörter ist, zwischen denen auch ein »und« stehen könnte. Die adverbiale Bestimmung »Nach langem Hin und Her« ist kein Nebensatz und darf daher nicht mit Komma abgetrennt werden.

48

Welches der vier Reimwörter unterscheidet sich grammatisch von den anderen?

Ständer

Ständer ist ein Wort, das in Singular und Plural gleich ist (der Ständer, die Ständer), die anderen drei sind Pluralwörter, die im Singular anders lauten, nämlich auf »-and«: das Band, das Land, der Rand.

49

Welches war das Wort des Jahres 2005?

Bundeskanzlerin

»Bundeskanzlerin« war das Wort des Jahres 2005; denn damals wurde in Deutschland mit Angela Merkel zum ersten Mal eine Frau an die Spitze der Bundesregierung gewählt. »Tsunami« landete hinter der »Bild«-Schlagzeile »Wir sind Papst!« auf dem dritten Platz. Das Abkürzungswort »Groko« war das Wort des Jahres 2013. »Brexit« landete 2016 auf Platz zwei hinter »postfaktisch«.

50

Welches dieser Beispiele ist **kein** Infinitiv?

~~möchten~~

Den Infinitiv »möchten« gibt es nicht. »Möchten« ist der Konjunktiv II von »mögen«. Man kann nicht etwas »möchten«, sondern nur »mögen«. Sätze wie »Es fällt mir schwer, das zu möchten« oder »Man kann nicht alles möchten« sind unsinnig. Der Konjunk-

tiv gilt aber als Höflichkeitsform, und statt »Mögen Sie noch
etwas?« sagt man daher meist: »Möchten Sie noch etwas?«
Die beiden einzigen Infinitive, bei denen das »e« ausgefallen ist
und die somit Ausnahmen bilden, sind »sein« und »tun«.

51

Im Diktat hat Dietrich drei Fehler gemacht. Nur
eine dieser Fügungen hat er richtig geschrieben.
Welche?

 des Weiteren

Das Adverb »dementsprechend« und das Pronomen »derselbe«
werden in einem Wort geschrieben, das Konjunktionaladverb
»darüber hinaus« in zweien. Nur »des Weiteren« ist korrekt, wobei
hier vor der Rechtschreibreform von 1996 noch Kleinschreibung
galt (»des weiteren«).

52

Hier gilt es, nach französischer Art fein abzuschmecken: Welcher dieser vier Herren ist ein
Feinschmecker?

 der Gourmet

Gourmand und Gourmet sind zwar erkennbar verwandt, doch
während der Gourmet ein Feinschmecker ist, ist der Gourmand ein
Schlemmer und Vielfraß. Ein Bonvivant ist ein Lebemann (was
nicht unbedingt heißt, dass er gutes Essen zu schätzen weiß), der
Sommelier ein Weinkellner.

53

Werden gern zusammen gepflanzt:
Stiefmütterchen und ...

Hornveilchen

Der lateinische Name der Blume lautet »Viola cornuta«. Aus der lateinischen »Viola« wurde das deutsche »Veilchen«, weshalb es mit »V« geschrieben wird. »Cornuta« bedeutet »gehörnt« und bezieht sich auf die Blütenblätter, die die Form kleiner Hörner haben. Der Einzelhandel hält die Blume allerdings in allen möglichen Schreibweisen feil, wenn nicht gar pfeil.

54

Wo findet man Engländer und Franzosen, wenn damit nicht die Bewohner Englands und Frankreichs oder dort produzierte Automodelle gemeint sind?

im Baumarkt (weil es Werkzeuge sind)

Engländer und Franzosen sind verstellbare Schraubenschlüssel. Das schwedische Verkehrzeichen für Pannenhilfe (links) zeigt einen Engländer, das deutsche (rechts) einen Franzosen:

An die Frau im roten Kleid können Sie sich bestimmt noch erinnern. Aber können Sie dies auch im Genitiv – mit dem richtigen Pronomen?

 c   **Die Frau, deren ich mich entsinne, trug ein rotes Kleid.**

Das weibliche Relativpronomen Singular (»die«) wird im Genitiv zu »deren«, genau wie das Possessivpronomen. So auch in diesen Beispielen:

- Die nächste Geschichte, deren er sich annahm, war völlig unglaublich.
- Alle interessierten sich für die Operation, dank deren der Patient wieder laufen konnte.
- Die Frist, innerhalb deren ich noch kündigen kann, ist bald abgelaufen.

Die Form »derer« ist der Genitiv Plural der Pronomen »der«, »die« und »das«:

- Die folgenden Geschichten, derer er sich annahm, waren noch unglaublicher.
- Die Zahl derer, die tatsächlich kamen, war weitaus höher als erwartet.
- Alle Frauen, derer ich mich entsinne, trugen rote Kleider.

56

»Er hat Blut geleckt« ist eine Redewendung für: ...

Er ist auf den Geschmack gekommen.

(a)

Der Ausdruck »Blut lecken« bedeutet »auf den Geschmack kommen«. Die anderen Antwortmöglichkeiten stehen für andere Redensarten: Wer von etwas erfahren hat, der hat »von einer Sache Wind bekommen«, wer Verdacht geschöpft hat, der hat sprichwörtlich »Lunte gerochen«, und wer seine Chance gekommen sieht, der kann dies mit den Worten Shakespeares ausdrücken, indem er sagt: »Ich wittre Morgenluft«, auch wenn dies im »Hamlet« noch bedeutete, dass es an der Zeit sei zu verschwinden. Die Bedeutung »seine Chance für gekommen halten« erlangte das Zitat erst später.

57

Welcher dieser vier deutschen Schriftsteller oder Schriftstellerinnen hat noch den Literaturnobelpreis erhalten?

Herta Müller

(d)

Herta Müller (geb. 1953) wuchs in Rumänien auf, 1987 reiste sie in die Bundesrepublik Deutschland aus. In ihren Werken beschreibt sie das Leben unter der kommunistischen Diktatur in Rumänien. 2009 erhielt sie dafür den Literaturnobelpreis. Sie ist damit nach der in Deutschland geborenen Schwedin Nelly Sachs (1966) und der Österreicherin Elfriede Jelinek (2004) die dritte deutschsprachige Literaturnobelpreisträgerin.

Die Wörter »Hanf«, »Mensch«, »Onkel« und »Ramsch« zählen zu einer Gruppe von mehreren Dutzend deutscher Wörter, die alle eine Gemeinsamkeit aufweisen. Nämlich welche?

c **Es sind Wörter, auf die sich kein anderes Wort reimt.**

Hanf, Mensch, Onkel und Ramsch sind Wörter ohne Reim. Fachsprachlich werden sie daher auch »Primreime« genannt. Für einige davon lassen sich zwar Behelfsreime finden, doch sind diese entweder phonetisch unrein, mundartlich oder anderen Sprachen entnommen: Mensch – Ranch; Hanf – Kampf; Ramsch – Wampsch (mundartlich für Wams). Weitere Primreime sind unter anderem Borschtsch, Echo, falsch, Fenchel, Gehölz, Gemälde, Kiosk, Mönch, Orgel, Peitsche, Pfirsich, Rüpel, selbst, Stöpsel, Vesper, Würfel. Auch das Adjektiv »deutsch« ist ohne Reim, und das aus gutem Grund, denn wer Deutsch als Fremdsprache lernt, stellt sehr schnell fest, dass es schier unmöglich ist, sich auf diese Sprache mit ihrer komplexen Grammatik irgendeinen vernünftigen Reim zu machen.

59

Wer sagt, vor »und« dürfe nie ein Komma stehen? In einem dieser Fälle ist ein Komma sogar geboten.

c **Es roch nach Salz und fauligem Fisch, und Tonnen voller Abfall lagen umgestürzt im Sand.**

Zwar ist ein Komma vor dem »und«, das zwei Hauptsätze miteinander verbindet, seit der Reform von 1996 nicht mehr erforderlich. Es ist aber auch nicht verkehrt. Man darf ein Komma setzen, wenn es dem Lesefluss dienlich ist. Und das ist hier der Fall. Ohne Komma könnte man die »Tonnen voller Abfall« als drittes Glied einer Aufzählung missverstehen und sich beim Weiterlesen verhaken. Ein solches Verhaken kann durch ein Komma verhindert werden, weil es rechtzeitig einen Einschnitt markiert.

60 Woher kommt das Partizip »verschroben«?

vom Verb »verschrauben«, das früher noch anders gebildet wurde, nämlich: ich verschraube, ich verschrob, ich habe verschroben

(c)

»Verschroben« geht auf das Verb »verschrauben« zurück, das »falsch zusammenschrauben« bedeutet. Im Mittelhochdeutschen wurde »schrauben« noch stark gebeugt: schrauben, schrob, geschroben. Ein verschrobener Mensch ist also jemand, der nicht richtig zusammengeschraubt worden ist oder, um es mit einer anderen Redewendung zu sagen, bei dem eine Schraube locker ist.

Die wohl berühmteste »verschrobene« Gestalt der Literatur, da buchstäblich zusammengeschraubt, ist das von der britischen Autorin Mary Shelley erdachte Monster aus dem 1818 erschienenen Roman »Frankenstein«.

Welches Gewürz ist richtig geschrieben?

b **Thymian**

Die korrekten Schreibweisen sind:

Was versteht man unter Rauchwaren?

d **Pelze, Tierfelle**

Rauchwaren haben nichts mit Rauch im Sinne von Qualm zu tun, sondern mit dem veralteten Adjektiv »rauch«, das »behaart, zottig« bedeutet und eine Variante des Adjektivs »rau« ist, das »trocken, spröde, kratzig« bedeutet. Rauchwaren (in Österreich auch »Rauwaren«) sind »feines Pelzwerk«. Der Rauchwarenhändler wurde verkürzt auch als Rauchhändler bezeichnet, doch ist dieser Begriff neben dem Wort »Kürschner« verblasst, das seinerseits auf das altslawische Wort »kürzno« (Pelz) zurückgeht.
Die gelegentliche Verwendung von »Rauchwaren« als Synonym für Tabakwaren ist umgangssprachlich und zumeist scherzhaft.

63

In welchem dieser Volkslieder wird ein Lindenbaum besungen?

Am Brunnen vor dem Tore

1823 / 24 erschien der aus 24 Gedichten bestehende Wanderliederzyklus »Die Winterreise« des Dessauer Dichters Wilhelm Müller (1794–1827). Das fünfte Gedicht trug den Titel »Der Lindenbaum«. Franz Schubert vertonte den Zyklus 1827 in Kunstliedform. Doch erst in der Fassung Friedrich Silchers (1789–1860), der Schuberts Komposition 1846 für einen vierstimmigen Männerchor bearbeitete, wurde das Lied zum Volkslied. Im Schatten seines Erfolgs verblassten sowohl der Rest des Zyklus als auch der ursprüngliche Titel »Der Lindenbaum«. Seitdem kennt man es unter dem Titel »Am Brunnen vor dem Tore«. Und so lautet die erste Strophe:

Am Brunnen vor dem Tore
Da steht ein Lindenbaum:
Ich träumt' in seinem Schatten
So manchen süßen Traum.

Ich schnitt in seine Rinde
So manches liebe Wort;
Es zog in Freud und Leide
Zu ihm mich immer fort.

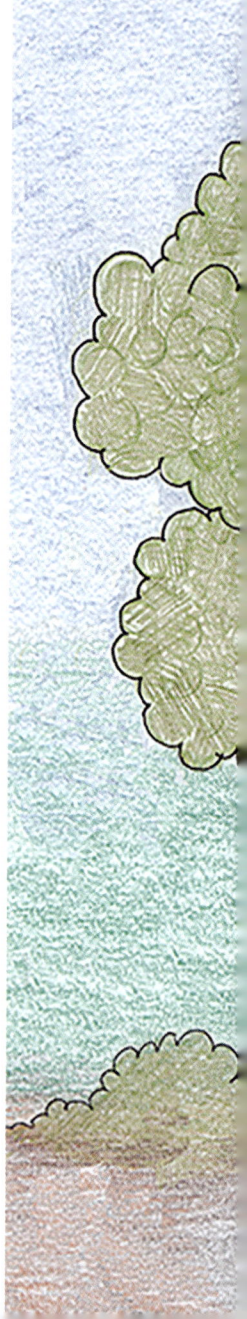

64 Manche lieben Reality-TV, andere halten es für …

die Geißel der Menschheit (b)

Die Geisel ist ein Gefangener, die Geißel hingegen eine Peitsche,
im übertragenen Sinne eine Plage. Wer jemals unfreiwillig eine
Folge von »Die Geissens« über sich ergehen lassen musste, war
gewissermaßen eine Geisel der Geißel der deutschen Fernseh-
unterhaltung.

65 Wie viele Kommas sind hier gefragt?

drei Kommas (c)

> »Ich weiß dass ich nichts weiß
> und ob das sonst noch jemand weiß
> macht mich nicht heiß.«

Der Satz besteht aus zwei Haupt- und zwei Nebensätzen und ist
durch drei Kommas zu untergliedern: »Ich weiß, dass ich nichts
weiß, und ob das sonst noch jemand weiß, macht mich nicht heiß.«
Das Komma vor »und« ist hier zwingend erforderlich, da es das
Ende des ersten Nebensatzes markiert.

Offenbar hatte er die Liebe seiner Frau nicht halb so ...

66

a **wertgeschätzt**

Das Verb »wertschätzen« wird heute als trennbar aufgefasst. Man schätzt eine Sache im Präsens wert, man schätzte eine Sache im Präteritum wert und man hat eine Sache im Perfekt wertgeschätzt. In älteren Texten ist »wertschätzen« noch als untrennbares Verb zu finden: Man wertschätzt eine Sache, man wertschätzte eine Sache, man hat eine Sache gewertschätzt. Diese Formen gelten jedoch inzwischen als veraltet.

67

Der englische Name welches kirchlichen Feiertags versteckt sich in »Halloween«?

a **Allerheiligen**

»Halloween« ist eine Zusammenziehung von »All Hallow-even«, dem Abend vor Allerheiligen. Und weil Allerheiligen immer am 1. November ist, findet Halloween immer am Abend davor statt, also am 31. Oktober.

68 Aus welchem Werk stammt die Redensart »Ich kenne meine Pappenheimer«?

»Wallensteins Tod« von Friedrich Schiller (1799) (b)

In Schillers Drama »Wallensteins Tod« lobt Feldherr Wallenstein die Kürassiere des Pappenheimischen Regiments mit den Worten: »Daran erkenn ich meine Pappenheimer.« Was bei Schiller noch anerkennend gemeint war (die Pappenheimer standen für Tatkraft, Mut und Loyalität), entwickelte sich später zu einem Ausdruck geringer Wertschätzung, möglicherweise aufgrund neu gewonnener Erkenntnisse über das grausame Wüten der Pappenheimer im Dreißigjährigen Krieg, möglicherweise auch schlicht aufgrund der negativen Konnotation des Wortes Pappe. Außerdem wurden seit dem Spätmittelalter die Kloakenreiniger der Nürnberger Reichstage »Pappenheimer« genannt, da es die Aufgabe des Pappenheimer Reichserbmarschalls war, für die Reinigung der Gruben zu sorgen. Auch dies mag zum Bedeutungswandel der Redensart beigetragen haben.

Dieses Wallenstein-Zitat ist nur eines von vielen geflügelten Worten, die wir Schiller zu verdanken haben. »Der kluge Mann baut vor«, »Früh übt sich, was ein Meister werden will«, »Raum ist in der kleinsten Hütte« und »Langer Rede kurzer Sinn« sind weitere Beispiele für die eingängige Formulierkunst dieses großen deutschen Dichters.

Welche Erkenntnis stammt von Erich Kästner?

(b) Es gibt nichts Gutes, außer man tut es.

»Es gibt nichts Gutes, außer: Man tut es« entstammt der 1950
veröffentlichten Gedichtsammlung »Kurz und bündig« von Erich
Kästner.

»Jeder ist sich selbst der Nächste« geht auf den römischen Dichter Terenz (kurz für: Publius Terentius Afer) zurück, der im 2. Jahrhundert vor Christus lebte. Der Ausspruch entstammt seiner
Komödie »Andria« und lautet im Original »Proximus sum egomet
mihi« (= Ich bin mir selbst der Nächste).

»Es irrt der Mensch, solang er strebt« findet sich im Prolog zu
Goethes »Faust – Der Tragödie erster Teil« (1808).

»Erst kommt das Fressen, dann kommt die Moral« ist ein Zitat aus
der »Dreigroschenoper« (1928) von Bertolt Brecht.

Bei welchem Gemüse ist der deutsche Name
unzutreffend?

(d) Zucchini ≠ Kürbisgurke

Für die Zucchini gibt es keinen deutschen Namen, zumindest
keinen, der sich durchgesetzt hätte. »Kürbisgurke« ist es jeden-
falls nicht, auch wenn die Zucchini zu den Kürbissen zählt und wie
eine Salatgurke aussieht. In der Deutschschweiz heißen nur die
kleinen, schlanken Exemplare Zucchini. Die großen, dicken (also
die eigentlichen Zucchini) werden auf Schweizerdeutsch Zuchetti
genannt.

71

Bestimmt kennen Sie den Zungenbrecher »Zwischen zwei Zwetschgenzweigen sitzen zwei zwitschernde Schwalben«. Im Baum nebenan ist aber auch einiges los:

In einer Lärche sitzt ein Lerchenpärchen und lärmt.

Ob Lerchen tatsächlich in Lärchen sitzen, sei hier dahingestellt. Fest steht, dass der Nadelbaum mit »a«-Umlaut geschrieben wird, der Singvogel mit »e«. Zu allem Überfluss der Natur gibt es noch eine Pflanze namens Lerchensporn, ein zur Familie der Mohngewächse zählendes Kraut, das so heißt, weil seine Blütenform an die gespornten Krallen des Singvogels erinnert.

72

Ein modern gewordener soziologischer Begriff für die Bezeichnung der in Armut lebenden Bevölkerungsteile lautet ...

Prekariat

Das Wort »Prekariat« ist mit dem französischstämmigen Adjektiv »prekär« verwandt, das »heikel, misslich« bedeutet. Beide Wörter, »prekär« und »Prekariat«, gehen zurück auf das lateinische »precari«, das »erbitten, betteln« bedeutet.

Wie lautet die Begründung in korrektem
Deutsch?

c **aufgrund erhöhten Fahrgastaufkommens**

Die Präposition »aufgrund« steht mit dem Genitiv, folglich lautet
die Antwort: »aufgrund erhöhten Fahrgastaufkommens«.
Bei der Münchner U-Bahn ist übrigens nicht immer ein »erhöhtes
Fahrgastaufkommen« nötig, um den Betrieb zu beeinträchtigen.
Ein einfaches Fahrgastaufkommen reicht offenbar auch schon, wie
dieses Fundstück von der Internetseite der Münchner Verkehrs-
gesellschaft beweist:

Linie(n) U3/U6: Betriebsstörung wegen
Fahrgastaufkommen ... [weiter]

(Quelle: mvg.de)

Nur in einer der vier Gruppen sind alle Wörter
richtig geschrieben. In welcher nämlich?

a **Tran, Klan, Span, Thron, Klon, Fron**

Der »Clan« kann auf Deutsch sowohl mit »C« als auch mit »K«
geschrieben werden, der »Klon« hingegen nur mit »K«. »Tran«
und »Span« werden ohne Dehnungsbuchstaben geschrieben,
ebenso das alte Wort »Fron«, welches man noch in »Fronarbeit«
und »Fronleichnam« findet. »Thron« ist ein Lehnwort aus dem
Griechischen (»thrónos« = Stuhl, Sessel, Herrschersitz) und wird
mit »Th« geschrieben.

75

Wofür stand das Wort »Vademecum« (aus lateinisch »vade mecum« = geh mit mir), ehe es zum Namen einer Zahnpasta wurde?

Nachschlagewerk im Taschenformat

Das Vademecum war ein Heft oder Büchlein mit Richtlinien für den Beruf, die kirchliche Liturgie oder das (Medizin-)Studium, das der Benutzer überallhin mitnehmen konnte, da es problemlos in die Tasche passte. (Die anderen Antwortmöglichkeiten entstammen dem Reich der Fantasie. Von einem Abschluss, der sie zur freien Niederlassung berechtigen würde, können Mediziner nur träumen.)

76

Für den Nachschlüssel gibt es viele kuriose Namen: Afterschlüssel, Mitschlüssel, Diebschlüssel, Peterchen, Kläuschen und ...

Dietrich

Schon im Mittelalter wurde der Nachschlüssel scherzhaft mit Männernamen versehen, da er den Dieben ein ständiger Begleiter war. Bei »Dietrich« mag der Anklang an »Dieb« eine Rolle gespielt haben. Bei »Peterchen« war es der Gedanke an Petrus (mit dem Himmelsschlüssel), bei »Kläuschen« das lateinische »clausum« (= abgeschlossen).

Eines dieser vier Wörter unterscheidet sich hinsichtlich der Aussprache von den anderen drei. Welches?

(c) **Quarantäne**

Das Wort »Quarantäne« ist über das Französische ins Deutsche gelangt, und die Franzosen sprechen das »qu« nicht »kw« aus, sondern lediglich »k«. Weil das Französische über viele Jahrhunderte tonangebend in Europa war, hat sich die Aussprache mit »k« auch im Deutschen eingebürgert, wenngleich der Rest des Wortes sowohl in der Schreibung als auch in der Aussprache mehr und mehr dem Deutschen angepasst wurde. In den ostdeutschen Gebieten wurde es zu DDR-Zeiten üblich, »Quarantäne« wie jedes andere Qu-Wort mit »kw« zu sprechen, da Französisch in der DDR einen deutlich geringeren Stellenwert hatte. Standardsprachlich aber gilt nach wie vor die Aussprache mit »k«.

Wofür steht die Abkürzung Ver. St. v. A.?

(c) **Vereinigte Staaten von Amerika**

Ver. St. v. A. ist die offizielle deutsche Abkürzung für »Vereinigte Staaten von Amerika«, auch wenn die englische Abkürzung »USA« heute die üblichere ist.

79

Was bekam, wer in früheren Zeiten eine »Depesche« erhielt?

eine Eilnachricht

a

Die Depesche kommt vom französischen Verb »se dépêcher«, das »sich beeilen, sich sputen« bedeutet. Eine Depesche ist eine Eilnachricht, die per berittenem Boten übermittelt wurde. Mit Aufkommen der Telegrafie wurde das Wort »Depesche« auch noch für

Depeschenreiter im 19. Jahrhundert (Lithografie von 1850)

Telegramme verwendet. Besondere Berühmtheit erlangte die sogenannte Emser Depesche, ein interner Bericht über die deutsch-französischen Verhandlungen zur spanischen Thronfolge, deren Veröffentlichung durch Bismarck im Jahre 1870 den französischen Kaiser Napoleon III. empörte und dazu veranlasste, Preußen und dem Norddeutschen Bund den Krieg zu erklären.

80

Welches dieser vier Öle passt aufgrund seiner Zusammensetzung nicht zu den anderen?

Olivenöl

Babyöl, Motoröl und Salatöl sind jeweils Öle **für** etwas. Olivenöl hingegen ist ein Öl **aus** etwas, nämlich aus Oliven.

Es fragte der Himmelswächter den Sternenwart:

81

b **Wo wart Ihr, als es dunkel ward?**

Das Präteritum von »ihr seid« lautet »ihr wart«, eine verkürzte
Form des veralteten »ihr waret«. Die Form »ward« ist das (veral-
tete) Präteritum von »wird«, zum Beispiel in dem Satz: »Es ward
Licht.« Dieses »ward« wurde weitgehend von »wurde« verdrängt
und ist daher nur noch in älteren literarischen Texten anzutreffen.

Wo spielen Hexameter, Jambus und Daktylus
eine Rolle?

82

c **in der Dichtung**

Die Begriffe spielen in der Dichtung eine Rolle. Jambus und Daktylus sind Taktarten (auch Versfüße genannt), der Hexameter ist ein
Versmaß. Der klassische Hexameter in der griechischen und lateinischen Dichtung besteht aus sechs Daktylen.

Was von Anfang an feststeht, das steht ...

83

d **von vornherein fest.**

Die Wendung lautet »von vornherein« und wird im Unterschied zu
»im Vorhinein« und »im Nachhinein« kleingeschrieben.

84

Bis zum Beginn des 19. Jahrhunderts nannte man Chemie im Deutschen noch ...

Scheidekunde

(c)

Die Bezeichnung »Chemie« geht auf griechisch »chēmeía« zurück, was wörtlich übersetzt »Kunst der (Metall-)Gießerei« im Sinne von »Umwandlung« bedeutet. Dennoch ist das deutsche Wort für Chemie nicht Gieß- oder Umwandlungskunde geworden, sondern »Scheidekunde« oder »Scheidekunst« im Sinne von »Zerlegung eines Stoffes in seine Bestandteile«. Im Niederländischen existiert das Wort »scheikunde« noch heute als offizielle Bezeichnung für Chemiewissenschaft und das Studienfach Chemie.

85

Welches Partizip entspricht als einziges dem Standard?

zusammengehalten

(a)

»Zusammengehalten« ist das Perfektpartizip des unregelmäßigen Verbs »zusammenhalten«. Die Formen »zusammengefalten«, »umgeschalten« und »umgestalten« sind mundartliche Varianten, die aus einer Zeit stammen, als diese Verben noch – wie »halten« – unregelmäßig gebildet wurden. Dem Standard entsprechen heute die regelmäßigen Formen »zusammengefaltet«, »umgeschaltet« und »umgestaltet«.

Beim Verb »spalten« ist der Wechsel vom unregelmäßigen zum regelmäßigen Verb bis heute nicht abgeschlossen. Im Präteritum heißt es »spaltete« (was regelmäßig ist, unregelmäßig wäre die Form »spielt«), im Perfekt aber »gespalten« (was unregelmäßig ist, regelmäßig wäre »gespaltet«). In der Frage, ob »spalten« nun ein regelmäßiges oder ein unregelmäßiges Verb sei, ist die Grammatik daher buchstäblich gespalten.

86

Wofür steht die Farbe Blau, wenn jemand sprichwörtlich »sein blaues Wunder erlebt«?

a | für Täuschung und Lüge

Blau gilt eigentlich als die Farbe der Treue, doch nicht bei den Redensarten. Dort steht Blau einerseits für das Ungewisse (ins Blaue fahren), andererseits für Täuschung und Lüge (jemandem blauen Dunst vormachen). So auch beim »blauen Wunder«, das nichts Gutes verheißt, sondern im Gegenteil eine unangenehme Überraschung, ein ernüchterndes Erlebnis.
Es sei denn, es ist damit die Loschwitzer Brücke in Dresden gemeint, eines der Wahrzeichen der Stadt, das im Volksmund »Blaues Wunder« genannt wird.

87

Rechtschreibung ist ohnehin nicht ganz ohne, und nun sollen Sie auch noch wissen, welches Wort mit »ohne« als einziges ohne Fehler ist:

b | ohne Weiteres

Die richtigen Schreibweisen sind »ohnegleichen«, »ohne dass«, »zweifelsohne« und »ohne Weiteres« (auch »ohne weiteres«).

88

Wohin begibt sich, wer in Österreich zum »Heurigen« geht?

in ein Lokal

Das Wort »Heuriger« kommt vom Adjektiv »heurig«, das »diesjährig« bedeutet. Der Heurige (also der Diesjährige) ist die österreichische Bezeichnung für jungen Wein und darüber hinaus für ein Lokal, in dem junger Wein ausgeschenkt wird. Da es sich um ein substantiviertes Adjektiv handelt, richtet sich die Endung des Wortes nach dem jeweiligen Fall und danach, ob ein bestimmter Artikel davorsteht oder nicht: der Heurige, ein Heuriger (Nominativ), des Heurigen (Genitiv), dem Heurigen (Dativ), den Heurigen (Akkusativ), die Heurigen (Plural).

89

Wie lautet das deutsche Wort für Reptilien?

Kriechtiere

Das Wort »Reptilien« wurde aus lat. »reptilis« gebildet, das »kriechend« bedeutet. Das deutsche Wort für Reptilien lautet daher »Kriechtiere«. »Echsen« sind eine Untergruppe der Reptilien. Zu ihnen gehören u. a. Leguane, Geckos, Eidechsen und Schleichen. »Kaltblüter« sind wechselwarme Tiere, zu denen neben Reptilien auch Lurche, Fische und Insekten zählen. »Schuppentiere« sind in Afrika und Asien beheimatete Säugetiere. Sie ähneln den Gürteltieren, sind mit ihnen aber nicht verwandt.

Welche dieser Farben geht auf den Namen eines
Landes zurück?

b Türkis

Türkis wurde nach dem französischen Adjektiv »turquoise« gebildet, das »türkisch« bedeutet, denn der als Türkis bekannte blau-
grüne Halbedelstein wurde einst über die Türkei nach Europa
importiert und daher im Französischen »pierre turquoise« (»türki-
scher Stein«) genannt. Der Name für die Farbe Türkis geht folglich
auf den Halbedelstein zurück und dessen Name wiederum auf das
Land.
»Khaki« kommt aus dem Persischen und bedeutet »erdfarben«.
Die rotblaue Farbe Magenta hat ihren Namen von der italienischen
Stadt Magenta. Das dunkelbraune Umbra kommt vom lateinischen
Wort für »Schatten«.

Welcher der vier Sätze ist hinsichtlich seiner
Pronomen fehlerfrei?

d Das Fräulein und sein Kavalier, man findet sie nicht länger
hier. So gern ihr sie im Wortschatz haltet, so sind sie beide
doch veraltet.

»Fräulein« ist ein sächliches Hauptwort, das dazugehörige Posses-
sivpronomen lautet »sein« und nicht »ihr«.
Da »Wehmut« ein weibliches Hauptwort ist, muss es in Antwort (a)
»Wehmut und **ihre** Geschwister« heißen.
In Antwort (b) fragte die Lehrerin in korrektem Deutsch nicht
seinerseits, sondern **ihrerseits** den Schulleiter.

Elvis mag, wie in Antwort (c) behauptet, seinerzeit der King des Rock'n'Roll gewesen sein; die Beatles können aber auch nur **seinerzeit** wegweisend gewesen sein, da »seinerzeit« ein feststehender Begriff ist und es die Form »ihrerzeit« nicht gibt – ebenso wenig wie »meinerzeit«, »deinerzeit«, »unsererzeit« und »eurerzeit«. Man kann aber selbstverständlich sagen, dass die Beatles »zu ihrer Zeit« wegweisend gewesen seien.

92 1990 hatte der Sänger Matthias Reim einen großen Erfolg. Wie schreibt sich der Titel des Liedes nach aktuell gültiger Rechtschreibung?

Verdammt, ich lieb dich   (a)

Der Titel beginnt mit einem Ausruf, der – genau wie eine Anrede – durch ein Komma vom folgenden Aussagesatz getrennt wird. Der Apostroph bei »lieb« ist zulässig, aber nicht notwendig, da ein weggefallenes unbetontes »e« nicht apostrophiert werden muss. Die Großschreibung aller Wörter in einem Liedtitel ist ein Anglizismus und entspricht nicht dem deutschen Standard. Auch das Pronomen »dich« wird nicht großgeschrieben. Nur in Textformen, in denen der Verfasser den Leser persönlich anredet (Brief, Karte, E-Mail), können die Pronomen »du«, »dein«, »dir« und »dich« großgeschrieben werden, sie müssen es aber nicht.

Diese vier Wörter sind Umstandswörter der Zeit und deuten in dieselbe zeitliche Richtung: die Vergangenheit. Eines aber deutet auch noch in eine andere Richtung. Welches?

b **dereinst**

Das Adverb »dereinst« kann sowohl »in früherer Zeit« als auch »in Zukunft« bedeuten: »Dein Vater war dereinst unser König; darum wirst auch du dereinst unsere Königin sein.« Dasselbe gilt für »einstmals«, auch dieses kann sowohl auf Vergangenes als auch auf Zukünftiges deuten.

»Dazumal« und »ehedem« hingegen verweisen nur auf Vergangenes. Ebenso das heute nicht mehr gebräuchliche Adverb »weiland«, das wie »zuweilen« und »bisweilen« aus dem Wort »Weile« gebildet wurde.

Welche der genannten vier weiblichen Formen wurde nach einem anderen Muster gebildet als die anderen drei?

b **Zauberin**

Die Pilgerin, die Lehrerin und die Königin werden jeweils durch Anhängen der Silbe »-in« an die männliche Form gebildet. Bei der Zauberin wird die männliche Form jedoch um ein »-er« verkürzt, denn aus dem Zauberer wird nicht die Zaubererin, sondern die Zauberin. Dies ist bei allen weiblichen Ableitungen der Fall, bei denen die männliche Form auf »-erer« endet, so auch bei der Bewunderin, der Förderin, der Herausforderin, der Kämmerin, der

Meuterin, der Ruderin, der Verweigerin, der Wanderin, der Wilderin und der Zimmerin. Die Tilgung des zweiten »-er« erfolgte jeweils aus sprachökonomischen Gründen.

95

Drei dieser Sprichwörter stammen aus dem Alten Testament, eines nicht. Es ist zwar auch schon sehr alt, aber nicht so alt wie die biblischen. Welches ist es?

Wer zuerst kommt, mahlt zuerst.

(a)

»Wer zuerst kommt, mahlt zuerst« ist ein mittelalterlicher Rechtsgrundsatz aus dem »Sachsenspiegel« (ca. 1224), der klarstellte, dass keiner der Bauern und Bäcker, die ihr Getreide in der Mühle ihres Grundherrn mahlen lassen wollten, eine bevorzugte Behandlung genoss und auch der Grundherr selbst nicht.
»Wer Wind sät, wird Sturm ernten« steht sinngemäß im Buch Hosea 8,7.
»Wer anderen eine Grube gräbt ...« ist eine volkstümliche Abwandlung aus den Sprüchen Salomos (Kapitel 26, Vers 27: »Wer eine Grube macht, der wird hineinfallen«).
Und »Wer sich in Gefahr begibt ...« findet sich im Buch Jesus Sirach Kapitel 3, Vers 27–28.

96

Für welche dieser Serien schrieb der Fernsehautor Herbert Reinecker (1914–2007) sämtliche Drehbücher?

b **Derrick (ZDF, 1974–1998)**

Herbert Reinecker schrieb die Drehbücher der ZDF-Krimiserie »Derrick« (1974–1998). Zuvor hatte er sich bereits als Autor der ebenfalls sehr erfolgreichen Serie »Der Kommissar« einen Namen gemacht.

Autor der Serie »Schwarzwaldklinik« war Herbert Lichtenfeld (1927–2001). Die Familienserie »Diese Drombuschs« stammt vom Autor Robert Stromberger (1930–2009). Die Drehbücher zur Arztserie »Praxis Bülowbogen« schrieb Ulrich del Mestre (*1939).

97

Den oder die Anführer einer Revolte, eines Aufstands nennt man ...

d **Rädelsführer**

Das Wort »Rädelsführer« geht auf das »Rädel« oder »Rädlein« zurück, eine kreisförmige Formation der Landsknechte (Infanteriesoldaten) im 15. und 16. Jahrhundert. In späterer Zeit wurde das Rädel zum Synonym für eine Zusammenrottung und der Rädelsführer zum Unruhestifter, Aufrührer.

Darstellung eines Rädleins aus dem 16. Jahrhundert

98

Achtung, Lücke! Welches dieser Wörter braucht eine andere Füllung als die anderen drei?

gleichwertig

Dem Adjektiv »gleichwertig« wohnt der »Wert« inne, die drei anderen sind mit der Endung »-wärtig« gebildet, die (wie auch »-wärts«) richtungsweisenden Charakter hat.

99

In wie vielen Ländern ist Deutsch offiziell Amtssprache?

sechs

Deutsch ist die Amtssprache in den Ländern Deutschland, Österreich, Schweiz (neben Französisch und Italienisch), Luxemburg (neben Französisch und Luxemburgisch), Liechtenstein und Belgien (neben Französisch und Niederländisch). Bis 1990 waren es sogar sieben; damals zählte noch die DDR dazu.
Auf regionaler Ebene ist Deutsch auch in Italien Amtssprache, und zwar in der autonomen Provinz Bozen – Südtirol. Auch in zwei Gemeinden im Süden Brasiliens ist Deutsch als zweite Amtssprache zugelassen.

Was bedeutet »hoffärtig«?

 a **selbstgefällig, überheblich**

Das Adjektiv »hoffärtig« kommt von der »Hoffart«, einer im 12. Jahrhundert entstandenen Zusammensetzung aus »hoch« (im Sinne von »vornehm«, »fein«) und »fahrt« (in der Bedeutung »Leben«, »Zustand«, wie auch im Wort »Wohlfahrt«). Im Mittelhochdeutschen stand »Hochfahrt« noch für einen »vornehmen Lebensstil«. Im Laufe der Zeit wurde das ursprünglich lange »o« aufgrund seiner Stellung vor zwei Konsonanten gekürzt, das »ch« passte sich dem »f« an, und aus der Hochfahrt wurde die Hoffart. Auch die Bedeutung änderte sich, und zwar von »Vornehmheit« zu »Hochmut«, »Eitelkeit« und »Arroganz«. Das Adjektiv »hoffärtig« bedeutet entsprechend »hochmütig«, »eitel«, »dünkelhaft«, »selbstgefällig«, »überheblich«.

Das Wort »Fiasko« bedeutet Reinfall, Misserfolg und geht zurück auf das italienische Wort für ...

b **eine Flasche**

Das Wort »Fiasko« entstammt dem Theaterjargon und wurde für Stücke verwendet, die beim Publikum oder der Kritik durchfielen. Es kommt vom italienischen Wort »fiasco«, einer Bezeichnung für eine bauchige Weinflasche, das mit dem deutschen Wort »Flasche« verwandt ist. Anfang des 19. Jahrhunderts kam der Ausdruck »Fiasko machen« in Mode – angelehnt an das italienische »far fiasco«, das wörtlich übersetzt »Flasche machen« bedeutet.

Dem italienischen Wort kommt dabei eine ähnliche Bedeutung zu wie im Deutschen, wo »Flasche« als abschätzige Bezeichnung für einen Versager gebraucht wird.

Die in diesem Zusammenhang oft kolportierte Behauptung, der Ausdruck könne sich aus der Angewohnheit des italienischen Theaterpublikums ergeben haben, beim Missfallen eines Stücks leer getrunkene Weinflaschen auf die Bühne zu werfen, ist wissenschaftlich nicht belegt.

102 Manchmal ist man nicht bloß erstaunt, sondern geradezu …

bass erstaunt a

Man kann entweder »baff« sein oder »bass erstaunt«, aber nicht »baff erstaunt«. Das Adverb »bass« ist ein altes Wort für »sehr« und findet heute nur noch in »bass erstaunt« oder »bass verwundert« Verwendung. Es ist darüber hinaus die (untergegangene) Grundform der Vergleichsformen »besser« und »am besten«. »Baff« ist ein Adjektiv, das vermutlich durch Lautmalerei entstanden ist und große Verblüffung zum Ausdruck bringt.

103

Nicht jedes »Pf«-Wort, das man so pfindet, wird auch wirklich mit »Pf« geschrieben. Welches von diesen ist falsch?

 b **Pfladenbrot**

Das »Pfladenbrot« ist in Wahrheit natürlich ein Fladenbrot. Normalerweise verbessert das heute die automatische Rechtschreib-korrektur. Doch eben nicht immer. Dieses Youtube-Tutorial müsste dringend mal aktualisiert werden:

Pfladenbrot selber machen!
1 Video • 12 Aufrufe • Zuletzt am 04.06.2016 aktualisiert

104

Professor Joachim Sauer ist ein deutscher Chemiewissenschaftler. Darüber hinaus ist er der ...

 d **Bundeskanzlerinnengatte**

Der Ehemann der Bundeskanzlerin ist der Bundeskanzlerinnen-gatte. Bei Zusammensetzungen mit weiblichen Amts- und Berufs-bezeichnungen auf »-in« stehen diese im Plural. So wird der Kittel einer Ärztin zum Ärztinnenkittel und der Flug der Bienenkönigin zum Königinnenflug.

105

Die Symbolfigur des einfachen Deutschen wird oft mit einer Schlaf- oder Zipfelmütze dargestellt. Welchen Namen trägt sie?

Michel

a

Erste Beschreibungen des deutschen Michel finden sich bereits in der Literatur des 16. Jahrhunderts. Im 18. Jahrhundert diente er als Stereotyp für den einfachen, ungebildeten Deutschen – im Gegensatz zum fremdsprachlich und literarisch gebildeten Humanisten. Im 19. Jahrhundert wurde er zur Symbolfigur für das gesamte deutsche Volk und dessen typische Eigenschaften. Im 20. Jahrhundert spielte der deutsche Michel vor allem noch in der Karikatur eine Rolle. Inzwischen findet er als Symbolfigur kaum noch Verwendung.

106

Eine scheinbar leichte Frage: Was bedeutet das Wort »scheinbar«?

nur zum Schein

d

Das Wort »scheinbar« bedeutet »nur zum Schein«, »nicht in Wirklichkeit«. Es kann sowohl für einen falschen Eindruck als auch für eine absichtliche Täuschung stehen:
»Scheinbar endlos zieht sich die Wüste dahin.« (Es sieht so aus, ist aber nicht so, da selbst eine Wüste irgendwo endet.)

»Scheinbar hatten sich die Griechen von Troja zurückgezogen.«
(Tatsächlich aber lauerten sie im hölzernen Pferd.)
»Unter dem Mikroskop werden Objekte scheinbar größer.« (In
Wahrheit behalten sie ihre Größe.)
Viele Menschen verwenden »scheinbar« anstelle von »anschei-
nend« und werfen dabei unwissentlich den offensichtlichen
Anschein und den trügerischen Schein in einen Topf.

107

Welches dieser vier Paare unterscheidet sich
semantisch von den anderen?

(a) **zwei wie Pech und Schwefel**

»Zwei wie Pech und Schwefel« sind untrennbar miteinander verbunden, bilden eine feste Einheit. Die anderen drei Paare stellen
jeweils einen unversöhnlichen Gegensatz dar.

108

Welches dieser Wörter hat kein Antonym (= Wort
mit gegensätzlicher Bedeutung) und lässt sich
nur mit vorangestelltem »nicht« ins Gegenteil
verkehren?

(b) **durstig**

Das Gegenteil von »hungrig« ist »satt«, das von »gierig« ist »bescheiden« und das von »geizig« ist »großzügig«. Über das Gegenteil
von »durstig« ist viel diskutiert worden, tatsächlich aber gibt es kein
»offizielles« Wort dafür. Vorschläge wie »sitt«, »schmöll«, »gestillt«
oder »getränkt« haben sich bislang nicht durchsetzen können.

109 Woher stammt der Ausdruck »mich deucht«?

vom unpersönlichen Verb »dünken«, das unregelmäßig gebildet wurde (mich dünkt, mich deuchte, mich hat gedeucht)

b

Das Verb »dünken« entstand vor langer Zeit als Nebenform zu »denken« in der Bedeutung »scheinen« (»mir scheint«), »vorkommen« (»es kommt mir vor«) und war zunächst unregelmäßig: dünkt, deuchte, gedeucht.

Als unpersönliches Verb fand es hauptsächlich Verwendung mit dem Akkusativ der Person: mich dünkt, mich deuchte, mich hat gedeucht. Seltener, doch ebenso möglich war der Dativ der Person: mir dünkt, mir deuchte, mir hat gedeucht. Dieser schwankende Gebrauch war nicht ungewöhnlich, man findet ihn bis heute auch bei anderen Verben wie »mir graut / mich graut« oder »mir friert / mich friert«.

Im Neuhochdeutschen wurde »dünken« zu einem regelmäßigen Verb mit den Formen »dünkt, dünkte, gedünkt«. Je häufiger diese regelmäßigen Formen gebraucht wurden, desto unklarer wurde, zu welchem Verb die Formen »deuchte« und »gedeucht« gehören, und so bildete man hierzu nachträglich die Präsensform »deucht«, als gäbe es die Grundform »deuchen«. Daher existierten die Formen »mich dünkt« und »mich deucht« lange Zeit parallel. Neben »scheinen« und »vorkommen« hatte »dünken« auch die Bedeutung »sich wähnen«, »sich für etwas halten«: »Er dünkt sich weise«, »Ich werd ihn wohl bezwingen, mag er sich auch unbezwingbar dünken«.

So faszinierende Möglichkeiten dieses Verb auch bot: Im 20. Jahrhundert geriet »dünken« aus der Mode, sodass die Formen »mich dünkt« und »mich deucht« heute als veraltet gelten. Nur die mit

dem Verb verwandten Hauptwörter »Dünkel« (Blasiertheit) und
»Gutdünken« (Ermessen) sind geblieben.

110

Was bedeutet »australis«?

b **südlich**

Bereits der in der Antike lebende Gelehrte Claudius Ptolemäus war
von der Existenz eines Südkontinents überzeugt, den er »Terra
australis incognita« (unbekanntes Land im Süden) nannte. Das
lateinische Adjektiv »australis« bedeutet »südlich« und ist eine
Ableitung vom Wort »Auster«, dem Namen für den Südwind.
Das deutsche Wort »Auster« für die Muschel hat damit nichts zu
tun, es geht auf das griechische »óstreon« für »Muschel, Auster«
zurück, eine Nebenform von griechisch »ostéon« (Knochen) und
»óstrakon« (knöcherne, harte Schale).

111

Welches dieser »ver«-Wörter passt nicht zu den anderen?

c **vermurksen**

Verbimsen, verwamsen und verwalken sind gleichbedeutend mit
»verprügeln«, genau wie verbläuen, verdreschen, verhauen, ver-
keilen, verkloppen, vermöbeln, versohlen und vertrimmen.
»Vermurksen« hingegen bedeutet »bei der Ausführung scheitern«.
Synonyme für »vermurksen« sind: verbocken, vergeigen, vergur-
ken, verhudeln, verhunzen, verkorksen, vermasseln, verpatzen,
verpfuschen und versemmeln.

112

Das tschechische Wort für »Bettler« wurde im
Deutschen zu …

Halunke

Das tschechische Wort »holomek« bedeutet Bettler, Knecht, Taugenichts, Gauner, Betrüger. Die ursprüngliche Bedeutung im Tsche-
chischen war »Unbehaarter«, also ein noch nicht erwachsener,
unreifer Bursche. Im Sorbischen entwickelte sich parallel dazu das
Wort »holank« mit der Bedeutung »Stadtdiener, Bote, Heideläufer«.
Aus beiden Formen entstand im 16. Jahrhundert das deutsche Wort
»Holunke« (noch mit Betonung auf der Vorsilbe), seit dem 19. Jahrhundert dann »Halunke« (mit Betonung auf der zweiten Silbe).
Das Wort »Schnorrer« stammt aus dem Jiddischen, »Vagabund«
aus dem Französischen, und »Lumpazius« ist eine scherzhafte
Latinisierung des deutschen Wortes »Lump«.

113

Welche Redewendung hat die Bedeutung »ohne
große Umstände«?

ohne viel Federlesens

Auch wenn man beim Federlesen bisweilen mehrere Federn liest,
bleibt bei der Zusammensetzung die Feder im Singular. Und da es
sich um eine feste Redewendung handelt, hat sich die alte Form
im Genitiv erhalten: ohne viel (des) Federlesens zu machen – ohne
viel Federlesens. Gleichbedeutend ist der Ausdruck »ohne viel
Aufhebens«, der ebenfalls einen erstarrten Genitiv enthält.
Sowohl im Fall des Federlesens als auch im Falle des Aufhebens
lässt der Duden heute auch die Form ohne Genitivendung zu: ohne

viel Federlesen / ohne viel Aufheben. Andere Wörterbücher tun dies aber nicht. Letztlich bleibt es jedem selbst überlassen, ob er die klassische Form des Federlesens und Aufhebens pflegen oder den Genitiv lieber ohne viel Federlesen und Aufheben verschwinden lassen will.

114

Nur eine dieser vier Reihen besteht vollständig aus Wörtern japanischer Herkunft. Welche ist es?

 d **Anime, Ikebana, Manga, Origami**

a Bonsai, Futon, ~~Marabu~~, Sudoku

b Emoji, Kimono, Rikscha, ~~Dschunke~~

c Karate, Mikado, ~~Oregano~~, Sake

Diese 13 Wörter kommen tatsächlich aus dem Japanischen: Anime (Zeichentrickfilm), Bonsai (Zwergbaum), Emoji (Piktogramm), Futon (Matratze), Ikebana (Kunst des Blumenarrangierens), Karate (Kampftechnik), Kimono (Bekleidungsstück), Manga (Comic), Mikado (Kaiser, Name eines Stäbchenspiels), Origami (Papierfaltkunst), Rikscha (Personenbeförderungskarren), Sake (Reiswein), Sudoku (Zahlenrätsel).

Der Marabu (Riesenstorch) geht auf ein arabisches Wort für »Einsiedler« zurück. Das Wort »Dschunke« wurde aus malaiisch »djung« (= großes Schiff) entlehnt, dessen Wurzeln wiederum im Chinesischen liegen. Oregano (Wilder Majoran) kommt vom lateinischen Wort »origanum«, das seinerseits auf ein griechisches »óríganon« zurückgeht, dessen Etymologie ungeklärt ist.

115

Auf der Premierenfeier ging es hauptsächlich um eines, nämlich um ...

sehen und gesehen werden.

Die Wörter »sehen« und »gesehen werden« sind Verben, und Verben schreibt man klein, es sei denn, sie stehen am Satzanfang oder sie sind substantiviert. Letzteres wäre der Fall, stünde anstelle der Präposition »um« dort »ums« (= um das). Dann müsste der Satz folgendermaßen geschrieben werden: »Auf der Premierenfeier ging es hauptsächlich um eines, nämlich ums Sehen und Gesehenwerden.«

116

Welches ist das falsche Paar?

gestreift / ~~gestriffen~~

Das natürliche »saugen« wird im Perfekt zu »gesogen«; das technische »saugen« (wie z. B. beim Staubsaugen) wird zu »gesaugt«. Das natürliche »gären« wird zu »gegoren«, das »gären« im übertragenen Sinne wird zu »gegärt« (»Vor dem Aufstand hatte es im Volk lange gegärt«). Das Verb »bleichen« wird heute in der Regel zu »gebleicht«, es gibt aber noch die ältere Form »geblichen« (»Ihr Haar ist in der Sonne geblichen«). Vom Verb »streifen« existiert nur das regelmäßig gebildete Partizip »gestreift«. Die Form »gestriffen« ist eine irrtümliche Bildung in Analogie zu »schleifen / geschliffen«.

Nur eines dieser vier zusammengesetzten Verben darf auch tatsächlich zusammengeschrieben werden. Nämlich welches?

a **zugutehalten**

Nur »zugutehalten« wird in einem Wort geschrieben, weil das darin enthaltene »zu Gute« nicht mehr allein existiert und folglich als »verblasst« gilt. Die anderen Verben werden in zwei, wahlweise sogar in drei Wörtern geschrieben: zuleide tun (auch: zu Leide tun); zugrunde gehen (auch: zu Grunde gehen); zustande kommen (auch: zu Stande kommen).

»ottos mops« ist ein herrliches Nonsens-Gedicht, das ausschließlich aus Wörtern mit dem Vokal »o« besteht. Es erlangte vor allem bei Schülern und Studenten große Beliebtheit. Wer hat es geschrieben?

a **Ernst Jandl (1925–2000)**

»ottos mops« ist ein 1970 veröffentlichtes Gedicht des österreichischen Lyrikers Ernst Jandl. Es besteht aus drei Strophen mit insgesamt 14 Versen und ist in durchgehender Kleinschreibung verfasst. Die letzte Strophe lautet: »ottos mops kommt. ottos mops kotzt. otto: ogottogott«.

119

Wie viele Kommas gehören in diesen Satz?

> *»Hallo«, rief er und kam auf mich zu,*
> *während ich nur Augen für die schöne,*
> *geheimnisvolle Frau am Nebentisch hatte.*

drei

Das erste Komma trennt die wörtliche Rede vom Hauptsatz, das zweite trennt den Hauptsatz vom Nebensatz (der mit »während« eingeleitet wird), und das dritte Komma strukturiert die Aufzählung der beiden Attribute »schön« und »geheimnisvoll«.

120

Welcher dieser vier Fälle mit Großschreibung ist falsch?

Es geht um Alles oder Nichts.

Die Wörter »all«, »alle« und »alles« werden kleingeschrieben, es sei denn, sie stehen am Satzanfang. Dasselbe gilt für »nichts«, es sei denn, es ist »das Nichts« im philosophischen Sinne, also substantiviert, gemeint. Korrekt wird der Satz also geschrieben: »Es geht um alles oder nichts.«

In Zeiten der Corona-Pandemie benötigt der Mensch vor allem dreierlei, nämlich Geduld, Rücksichtnahme und einen verlässlichen ...

b **Mund-Nasen-Schutz**

In Zusammensetzungen erhält das Wort »Nase« stets ein Fugen-»n«. Dieses Fugen-»n« steht nicht etwa für den Plural, denn auch beim Nasenzittern oder beim Nasenflügel ist jeweils nur eine Nase im Spiel. Die meisten zweisilbigen Hauptwörter, die auf ein unbetontes »e« enden, bekommen bei Zusammensetzun-

gen ein solches Fugen-»n«, dessen Sinn und Zweck darin besteht, die Aussprache zu erleichtern. Der Ton einer einzelnen Harfe ist ein »Harfenton« und kein »Harfeton«, und auch wenn an unserem Himmel nur eine Sonne zu sehen ist, so sprechen wir nicht etwa vom »Sonnesystem«, sondern vom »Sonnensystem«. Nach dersel-

Zutritt nur mit Mund- und Nasenschutz

ben Zusammensetzungslogik ist der HNO-Arzt kein »Hals-Nase-Ohren-Arzt«, sondern ein »Hals-Nasen-Ohren-Arzt«, und die Schutzmaske ein »Mund-Nasen-Schutz« (oder auch »Mund- und Nasenschutz«).

122

Zwei, die einander gut leiden können,
sind sich ...

wohlgesinnt

So wie »wohlgemut«, das aus dem Hauptwort »Mut« gebildet
wurde, wurde auch »wohlgesinnt« aus einem Hauptwort geformt.
Es steckt also der »Sinn« darin und nicht das Verb »sinnen« mit
seinen Formen »sann« und »gesonnen«. Dasselbe gilt für
»freundlich gesinnt«, »feindlich gesinnt«, »übel gesinnt« und
»anders gesinnt«, die jeweils in zwei Wörtern geschrieben werden,
und für »gleich gesinnt«, das sowohl in einem als auch in zwei
Wörtern geschrieben werden kann.

Allein »wohlgesinnt« ist nur in Zusammenschreibung möglich. Da
die Form »wohlgesonnen« fälschlicherweise von vielen für richtig
gehalten wird, steht sie inzwischen im Duden, allerdings mit dem
Vermerk »umgangssprachlich«.

123

Welche Behauptung ist falsch?

Der »Windjammer« heißt so, weil sich das Heulen
des Windes in den Rahen wie Jammern anhört.

So wie »Schoner« und »Kutter« kommt auch das Wort »Windjammer« aus dem Englischen. Es handelt sich um eine Zusammensetzung aus »wind« (Wind) und »jam« (kräftig pressen), bedeutet
also »Windpresser« oder »Windquetscher«.

Im amerikanischen Englisch war dies zunächst eine spöttische
Bezeichnung für Militärtrompeter, aber auch für Großsprecher und
Aufschneider (wie im Deutschen der »Schaumschläger« oder

»Windbeutel«). In den 1890er-Jahren nutzten Dampferbesatzungen das Wort, um die Besatzungsmitglieder der in ihren Augen rückständigen Segelschiffe zu verspotten. Aufgrund des dauerhaften Erfolges dieses Großseglertyps wurde die ursprüngliche Spottbezeichnung im Laufe der Zeit zu einer Respektbezeichnung.

Da es sich um ein Lehnwort aus dem Englischen handelt, lautet der Plural nicht »Winderjammern« (wie bei Kammer / Kammern, Klammer / Klammern), sondern unverändert »Windjammer«. Allein im Dativ werden »Windjammer« zu »Windjammern«.

Windjammer in Hamburg
(kolorierte Postkarte um 1900)

124

Nur eine dieser Befehlsformen ist tatsächlich korrekt. Welche?

Lösche das Feuer!

Korrekt lauten die Sätze: »Nimm dich in Acht!«, »Bewirb dich noch heute!«, »Schmilz das Eis!« und »Lösch(e) das Feuer!« (nicht: »Lisch das Feuer!«).

125

Manchen ist die Rechtschreibung einerlei. Doch sie ist nicht ...

x-beliebig

Zusammensetzungen mit einem Einzelbuchstaben werden mit Bindestrich geschrieben. Handelt es sich dabei um Adjektive oder Adverbien, wird der Einzelbuchstabe kleingeschrieben: o-beinig, s-förmig, x-beliebig. Bei Hauptwörtern wird der Einzelbuchstabe in der Regel großgeschrieben: A-Note, E-Mail, G-Punkt, O-Beine, S-Kurve, T-Shirt, U-Bahn, X-Chromosom. Ausgenommen sind Fälle, in denen der Einzelbuchstabe ein definiertes Zeichen ist (z. B. ein Ton in der Musik, ein Kleinbuchstabe, eine Variable in der Mathematik): b-Moll, i-Tüpfelchen, y-Achse.

126

Was bedeutet das alte Wort »allenthalben«?

 a **überall, ständig**

»Allenthalben« bedeutet »überall«, im Süddeutschen auch »ständig«: »Allenthalben wurden Zimtsterne und Mandelplätzchen feilgeboten, und allenthalben ertönte festliche Musik.« Das Wort enthält noch die alte Dativ-Pluralendung auf »-ent«, wie man sie als Rest auch noch in »meinetwegen« erkennen kann, das einst »von meinent wegen« hieß. So stand auch »allenthalben« in mittelhochdeutschen Texten noch mit der Präposition »von«: von allent halben = von allen Seiten, von überallher.

127

Herr Müller spielt in seiner Freizeit Golf, Herr Meier Klarinette. Die beiden haben also …

b **unterschiedliche Hobbys**

Zwar werden »verschieden« und »unterschiedlich« oft gleichbedeutend gebraucht, doch kann man unter »verschiedenen Hobbys« auch »alle möglichen Hobbys« verstehen. Hier geht es aber nicht um die Vielzahl der Hobbys, sondern um ihre Unterscheidung. Daher ist »unterschiedlich« die treffende Wahl. Und während die Mehrzahl im Englischen mit »-ies« geschrieben wird (»hobbies«), wird sie im Deutschen einfach durch Anhängen eines »s« gebildet, genau wie bei Babys, Ponys, Rowdys und Storys.

128

Welcher Satz ist korrekt?

Du weißt, dass ich viele Fehler mache, und du weißt, das ist nicht das erste Mal, dass mir so etwas passiert.

(c)

Das zweite »das« könnte auch durch »es« oder »dies« ersetzt werden. Es ist folglich ein Pronomen und wird mit einfachem »s« geschrieben, genau wie der sächliche Artikel in »das erste Mal«. Das erste und das letzte »dass« hingegen sind Konjunktionen und werden mit Doppel-»s« geschrieben.

129

Was ist ein »Menetekel«?

ein drohendes Unheil

(c)

Das »Menetekel« geht auf das Buch Daniel im Alten Testament zurück. Dem babylonischen König Belšazar erschienen die Worte »Mene mene tekel u-parsin« an der Wand, und allein Daniel aus dem Volk Israel vermochte sie zu übersetzen: »Gezählt, gewogen, für zu leicht befunden und geteilt«. Es war die Verkündigung Gottes, dass Belšazars Tage als König gezählt, dass seine Taten gewogen und für zu leicht befunden worden seien und sein Reich daher nun unter seinen Feinden, den Medern und den Persern, aufgeteilt würde.

Daniel, König Belšazar und das Menetekel, Miniatur aus dem 14. Jahrhundert

130

Was ist die wörtliche Bedeutung des Wortes »Karneval«?

(b) Fleisch wird gestrichen

Das aus dem Italienischen stammende »carnevale« geht auf die lateinischen Worte »carnem levare« zurück, die so viel bedeuten wie »das Fleisch wegnehmen«. Denn der Verzicht auf Fleisch ist ein Merkmal der Fastenzeit, die traditionell mit dem Karneval eingeläutet wird.

131

»Romeo und Julia« gilt als die wohl berühmteste ...

(b) Geschichte zweier Liebender

Die »zwei Liebenden« stehen hinter dem Hauptwort »Geschichte« im Genitiv (Genitivus partitivus), und der Genitiv von »zwei« lautet »zweier«, der von »Liebende« lautet »Liebender«. Die Geschichte von Romeo und Julia gilt somit als die wohl berühmteste »Geschichte zweier Liebender«.

132

Sie dürfen Gott zu jeder Zeit anrufen, aber bitte in korrekter Orthografie!

(a) Um Gottes willen! Gottbewahre! Gott sei Dank!

Korrekt sind die Schreibweisen »Um Gottes willen!«, »Gottbewahre!« (genau wie »Gottbehüte!«) und »Gott sei Dank!«. Stehen sie innerhalb eines Satzes, werden die Umstandswörter »gottbe-

wahre« und »gottbehüte« kleingeschrieben. Aber: »Gott bewahre
uns davor!« und »Gott behüte uns davor!«.

133 Welches dieser Wörter gehört zur u-Deklination?

der Status (= Stand / Zustand)   (d)

»Modus« und »Primus« werden im Plural zu »Modi« und »Primi«.
Der Status wird im Plural zu »die Status« (gesprochen: »Statuus«).
Beim Wort »Bonus« in der Bedeutung »Rabatt«, »Vergütung« handelt
es sich nicht um ein lateinisches Hauptwort, sondern um ein Adjektiv,
das erst durch seine Verwendung im englischen Börsenjargon des
18. Jahrhunderts zu einem Hauptwort wurde. Im Lateinischen gibt es
das Substantiv »bonus« nicht. Da es sich also nicht um ein ursprünglich lateinisches Hauptwort handelt, ist die Pluralform »Boni« grammatisch nicht selbstverständlich. Sie gilt aber als zulässig, ebenso
wie die eingedeutschte Form »Bonusse«. Die reguläre Form ist
allerdings die unveränderte: ein Bonus, mehrere Bonus.

134 In welchem dieser Beispiele ist der Genitiv des Dativs Tod?

Die Strafe wurde entsprechend **des Antrags** der   (c)
Verteidigung zur Bewährung ausgesetzt.

Die Präposition »entsprechend« steht nicht mit dem Genitiv, sondern mit dem Dativ: »Die Strafe wurde entsprechend **dem Antrag**
der Verteidigung zur Bewährung ausgesetzt.«

Die Präposition »laut« kann auch mit dem Dativ stehen, doch gilt standardsprachlich die Regel, dass Präpositionen, die aus Hauptwörtern entstanden sind, den Genitiv regieren. Dazu zählen »aufgrund« (aus »der Grund«), »inmitten« (aus »die Mitte«), »laut« (aus »der Laut«), »mittels« (aus »das Mittel«), »kraft« (aus »die Kraft«), »seitens« (aus »die Seite«) und »wegen« (aus »die Wege«).

Auch »binnen« kann (umgangssprachlich) mit dem Dativ stehen (»binnen einem Jahr«, »binnen Kurzem«), standardsprachlich steht »binnen« jedoch mit dem Genitiv.

In welchem dieser Fälle wird das Zahlwort »eins« großgeschrieben? **135**

(d) Dafür bekommst du eine Eins mit Sternchen.

Nur wenn dem Zahlwort ein bestimmter oder unbestimmter Artikel (»die«, »eine«) vorangestellt ist, wird es großgeschrieben, weil es dann ein Hauptwort ist. Ohne Artikel werden Zahlwörter kleingeschrieben, es sei denn, sie stehen am Satzanfang. Die Sätze lauten richtig: »Du bist meine Nummer eins«, »Ich will mit dir eins werden«, »Wir treffen uns um eins«.

136

Eines dieser vier Wörter hat andere grammatische Eigenschaften als die anderen drei. Welches?

die Nachbarn

(d)

Leute, Ferien und Geschwister sind Wörter, die nur in der Mehrzahl gebräuchlich sind. Der Fachbegriff für ein solches Mehrzahlwort lautet »Pluraletantum«.

Das Wort »Nachbarn« hingegen ist kein Pluraletantum, denn es existiert auch in der Einzahl als »Nachbar«.

137

Wenn sich ein Kind in der Schweiz zum Geburtstag ein »Müsli« wünscht, dann bekommt es ...

eine Maus

(d)

Viele Schweizer amüsiert es, wenn ihnen in deutschen Hotels zum Frühstück ein Müsli angeboten wird, denn »Müsli« (mit langem »ü« gesprochen) ist die Verkleinerungsform des schweizerdeutschen Wortes »Muus« für »Maus«. Ein Müsli ist folglich eine kleine Maus, ein Mäuslein.

Die schmackhafte Kost aus Haferflocken, Obst und Joghurt oder Milch ist in der Schweiz (und im Süden Baden-Württembergs) ein aus drei Silben bestehendes »Müesli«, was wiederum die Verkleinerungsform des Wortes »Mues« für »Mus« ist.

Da nördlich des alemannischen Sprachraums nicht zwischen »Müsli« und »Müesli« unterschieden wird, hat sich im Deutschen für die Haferflockenspeise die zweisilbige Form »Müsli« durchgesetzt.

Das (inzwischen nicht mehr gebräuchliche)
deutsche Wort für Muslim lautet ...

(d) **Muselmann**

Der Muselmann (oder Muselman) wurde aus dem italienischen
Wort »musulmano« gebildet, das wiederum über türkisch »müslü-
man« auf persisch »muslimān« zurückgeht, eine Ableitung des
arabischen »muslim« (»der sich Gott ergeben hat«). Inzwischen
gilt »Muselmann« als veraltet, genauso wie die Bezeichnung
»Mohammedaner«. 2009 wurde das Wort »Muselmann« erstmals
von einem Gericht als Beleidigung gewertet. 2015 urteilte jedoch
ein anderes Gericht, dass die Bezeichnung »Muselmann« keine
rassistische Beleidigung sei.

Was war ursprünglich mit »Heimchen am Herd«
gemeint?

(a) **eine Grille**

»Heimchen« ist ein anderes
Wort für »Grille«. Der Ausdruck
»Heimchen am Herde« geht auf
die Weihnachtserzählung
»Cricket on the hearth« von
Charles Dickens zurück. Darin
verwertet Dickens den Volks-
glauben, die Grille / das Heim-
chen sei ein guter Geist und
Glücksbringer.

140

In welchem Beispiel stehen die Zeichen nach deutschen Regeln korrekt?

„Willkommen!", rief er uns zu.

Bei "Willkommen!" handelt es sich um amerikanische Anführungszeichen (die in einem amerikanischen Text korrekt wären, hier aber nicht), bei "Willkommen!" um doppelte Kodierungszeichen aus der Programmiersprache, bei "Willkommen!" um Zollzeichen. Nur bei „Willkommen!" haben wir es mit deutschen Anführungszeichen zu tun. Daneben sind im Deutschen auch die französischen Anführungszeichen («…») üblich, allerdings umgekehrt, mit den Spitzen nach innen: »Willkommen!«

141

Mit der Unterscheidung zwischen großem »Sie«, »Ihr«, »Ihnen« und kleinem »sie«, »ihr«, »ihnen« tun sich viele schwer. Nur einer dieser Sätze ist richtig geschrieben. Welcher?

Sehr geehrte Kunden! Wir möchten Sie bitten, aus hygienischen Gründen die Leergutbons nicht in den Mund zu nehmen! d

Was Antwort (a) betrifft: Wenn der Kunde angesprochen wird, heißt es »Ihre Bestellung«. Für Antwort (b) gilt: Die Leopardin ist nicht aufgrund des hohen Alters der Zoobesucher gestorben, sondern aufgrund ihres eigenen hohen Alters. Und für Antwort (c) gilt: Eltern haften normalerweise nur für ihre eigenen Kinder. Bei großgeschriebenem »Ihre Kinder« wären die Kinder aller Menschen gemeint, die von dem Schild angesprochen werden.

Ein veraltetes, poetisches Wort für »Küste« und »Ufer« lautet ...

 d — Gestade

Das Gestade entstand als Ableitung zu »stehen«, bedeutete also »Stelle«, »Stätte«, und bezeichnete jenen Teil des Festlandes, der ans Wasser grenzt, also das Ufer, die Küste.

So beginnt Schillers Drama »Wilhelm Tell« mit folgenden Worten: »Es lächelt der See, er ladet zum Bade, / Der Knabe schlief ein am grünen Gestade, / Da hört er ein Klingen, / Wie Flöten so süß, / Wie Stimmen der Engel / Im Paradieß.«

Wie nennen die Berliner den Berliner?

b — Pfannkuchen

In Berlin (und in weiten Teilen Ostdeutschlands) wird der Berliner in der Regel »Pfannkuchen« genannt, was gelegentlich zu Missverständnissen führt, da man in Westdeutschland unter einem Pfannkuchen etwas anderes versteht, nämlich das, was man in Berlin wiederum einen Eierkuchen nennt.

144

Das Wort »Zigeuner« gilt heute als politisch unkorrekt. Die Volksgruppe bevorzugt eine andere Bezeichnung. Der »Zigeunerjunge«, den die Sängerin Alexandra 1967 besang, war folglich ein junger ...

Rom

a

Rom ist nicht allein der Name der Hauptstadt Italiens, sondern auch der männliche Singular des Wortes »Roma«, also ein Angehöriger der aus Südosteuropa stammenden Volksgruppe der Roma (wobei die eigentlichen Wurzeln der Roma noch viel weiter östlich, nämlich in Indien, liegen). Eine weibliche Angehörige wird Romni genannt, in der Mehrzahl Romnija. Die Sprache der Roma heißt Romani.

Roma werden meistens in einem Atemzug mit den Sinti erwähnt, einer in Mittel- und Westeuropa beheimateten Teilgruppe der Roma. Der männliche Singular von Sinti lautet Sinto, der weibliche Singular Sintiza, im Plural Sintizas. Ein Sinto und ein Rom ergeben zwei Sinti und Roma, eine Romni und eine Sintiza ergeben zwei Romnija und Sintizas.

145

Welche dieser Zutaten stehen sprichwörtlich für Unverbesserlichkeit?

Hopfen und Malz

d

»Kraut und Rüben« stehen für das sprichwörtliche Durcheinander. »Brot und Salz« zählen zu den wichtigsten Grundnahrungsmitteln, sie wurden lange Zeit als Himmelsgaben angesehen und sind noch heute in vielen Ländern ein symbolhaftes Geschenk bei Wohnungseinweihungen oder Hochzeiten. »Glück und Glas, wie leicht bricht das« besagt, dass Glück selten von Dauer ist.

Wenn bei jemandem »Hopfen und Malz verloren« ist, so wird er sprichwörtlich mit einem misslungenen Brauvorgang gleichgesetzt, bei dem die Bestandteile Hopfen und Malz vergeudet wurden. So wie die Brauzutaten beim missglückten Brauen verloren sind, ist die Mühe vergebens, einen einfältigen, uneinsichtigen Menschen eines Besseren zu belehren. So reimte schon Goethe: »Denn oft ist Malz und Hopfen / An so viel armen Tropfen, / So viel verkehrten Toren, / Und alle Müh verloren.«

Woher kommt das Wort »Scharlatan«? **146**

(c) **von der italienischen Stadt Cerreto**

Die italienische Stadt Cerreto war einst berüchtigt für ihre durchs Land ziehenden Händler, die mit marktschreierischen Methoden allerlei Arzneien und (meist wirkungslose) Wundermittel an den Mann zu bringen versuchten. So wurde der Händler aus Cerreto, der »cerretano«, zum Inbegriff für Quacksalberei. Daraus entwickelten sich die Wörter »ciarlare« (schwatzen) und »ciarlatano«, der Schwätzer, der über das Französische (»charlatan«) seinen Weg ins Deutsche fand.

147 Wie viele Fehler enthält der rot umrandete Satz?

vier Fehler

(c)

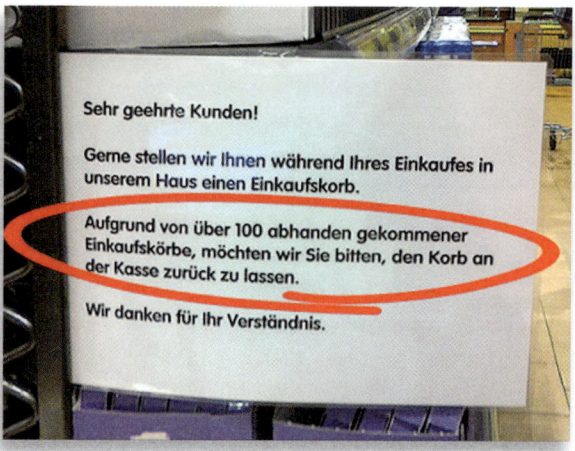

> Sehr geehrte Kunden!
>
> Gerne stellen wir Ihnen während Ihres Einkaufes in unserem Haus einen Einkaufskorb.
>
> Aufgrund von über 100 abhanden gekommener Einkaufskörbe, möchten wir Sie bitten, den Korb an der Kasse zurück zu lassen.
>
> Wir danken für Ihr Verständnis.

Es sind vier Fehler, und zwar ein Grammatikfehler, ein Zeichensetzungs- und zwei Rechtschreibfehler.

1.) Das aus »abhanden« und »kommen« zusammengesetzte Verb »abhandenkommen« wird zusammengeschrieben.

2.) Die Präposition »aufgrund« regiert zwar den Genitiv, aber »von« den Dativ. Es muss daher entweder »aufgrund über 100 abhandengekommener Einkaufskörbe« oder »aufgrund von über 100 abhandengekommenen Einkaufskörben« heißen.

3.) Das erste Komma ist falsch, denn »aufgrund von« leitet keinen Nebensatz ein, sondern eine adverbiale Bestimmung, die Teil des Satzes ist und nicht von ihm getrennt werden darf.

4.) Mit »zurück« zusammengesetzte Verben werden grundsätzlich zusammengeschrieben: »zurückzulassen«.

Was sind Röhrling, Porling und Tintling?

c **Pilze**

Röhrling, Porling und Tintling sind Pilze. Die Endung »-ling« ist bei Pilzen oft anzutreffen, die berühmtesten Beispiele sind der Seitling und der Pfifferling. Es hätten aber auch Fische sein können, denn Saibling, Stichling, Gründling und Wittling sind Namen von Fischen.

Woher stammt das Wort »Kasko«, mit dem wir uns mal voll, mal teilweise versichern?

a **vom spanischen Wort »casco«, das »Schiffsrumpf« bedeutet**

Kasko kommt vom spanischen Wort »casco«, das im Laufe seiner Geschichte eine erhebliche Bedeutungsentwicklung erfahren hat. Die ursprüngliche Bedeutung war »abgebrochenes Stück«, »Scherbe« (von span. »cascar« = zerbrechen, aus lat. »quassare« = schütteln, zerschmettern), später erweiterte sich die Bedeutung zu »Schädel«, »Helm« und schließlich »Schiffsrumpf«, vermutlich weil der Schiffsrumpf an die Form eines umgestürzten Helms erinnerte. Seit dem 18. Jahrhundert ist das Wort »Kasko« als Fachbegriff auch im Deutschen zu finden, meist im Versicherungswesen. Die Kaskoversicherung war zunächst eine Schiffsversicherung. Im 20. Jahrhundert wurde der Begriff dann auf die Versicherung für Kraftfahrzeuge übertragen.

150

Wer sich verirrt, der hat sich ...

verfranzt (a)

»Verfranzen« stammt aus der Fliegersprache des Ersten Weltkriegs. Der Pilot wurde »Emil« genannt, der hinter ihm sitzende Copilot und Navigator »Franz«. Wenn sich das Flugzeug verflog, war es die Schuld des Franz; dann hatte man sich verfranzt. Im Motorsport gibt es noch heute die Bezeichnung »Franzer« für den Beifahrer und Navigator bei einer Rallye.

151

Was bedeutet »Borussia«?

Es ist der lateinische Name für »Preußen«. (c)

»Borussia« ist der lateinische Namen Preußens. Dieser wiederum geht auf den baltischen Stamm der Prußen zurück, die im 13. Jahrhundert an der Ostsee zwischen Weichsel und Memel siedelten. Infolge der Eroberungen des Deutschen Ordens wurde das Gebiet von Deutschen besiedelt, der Landschaftsname »Prußen« blieb. In Schriftstücken und auf Landkarten wurde er meist in latinisierter Form als »Borussia« oder »Prussia« wiedergegeben. Als Preußen im 18. Jahrhundert zum Königreich wurde, wurde »Borussia« der offizielle lateinische Name des Königreichs. Er wurde auch zum Namen einer Frauenfigur, die den Staat Preußen symbolisiert. Und er wurde zum Namensbestandteil etlicher Sportvereine, die im späten 19. und frühen 20. Jahrhundert in Preußen ins Leben gerufen wurden.

Wie musste die Widmung lauten?

 c **Des Landesvaters treuem Volk gewidmet**

Das Verb »widmen« erfordert den Dativ der Person (jemandem etwas widmen). Empfänger der Widmung ist »des Landesvaters treues Volk«. Setzt man das in den Dativ, wird daraus »des Landesvaters treuem Volk«.

Nicht zu wissen, wie viele Kommas in diesen Satz gehören, ist nicht schlimm. Es ist aber auch nicht egal. Es ist eher etwas dazwischen. Wie viele setzen Sie?

d **drei**

> *Es ist nicht schlimm, aber auch nicht egal, sondern eher etwas dazwischen, wenn du verstehst.*

Der Hauptsatz »Es ist nicht schlimm, aber auch nicht egal, sondern eher etwas dazwischen« bekommt zwei Kommas, weil »aber« und »sondern« Konjunktionen sind, die den Sinn umlenken. Ein weiteres Komma gehört vor den Nebensatz »wenn du verstehst«.

154

Welches dieser vier Bundesländer unterscheidet sich grammatisch von den anderen drei?

Saarland

Das Saarland ist das einzige Bundesland, das einen Artikel hat. Das hat Auswirkungen auf die Präpositionen. Während es »in Bayern«, »in Hessen« und »in Niedersachsen« heißt, heißt es im Falle des Saarlandes »im«. Man fährt »nach Bayern«, »nach Hessen« und »nach Niedersachsen«, aber nicht »nach Saarland« und auch nicht »nach'm Saarland«, sondern »ins Saarland«. Diese grammatische Sonderstellung verdankt das Saarland seiner Endung auf »-land«. Dass es dabei wiederum nicht wie »Deutschland«, »England« oder »Russland« behandelt wird, die jeweils ohne Artikel auskommen, liegt an der grammatischen Unterscheidung zwischen (eigenständigen) Staaten und Ländern / Regionen / Gebieten. Solange das Saarland kein eigenständiger Staat ist, wird es von der deutschen Grammatik genauso behandelt wie das Sauerland, das Münsterland, das Siegerland und das Rheinland. In Österreich gibt es sogar zwei Bundesländer mit Artikel, nämlich das Burgenland und die Steiermark.

155

Eines dieser Verbkomposita ist nur in Zusammenschreibung möglich. Welches?

kaputtgehen

Wenn etwas kaputt getreten, gedrückt, geschlagen oder gemacht wird, ist nach neuer Rechtschreibung Getrenntschreibung möglich (vom Duden wird sie sogar empfohlen), weil das jeweilige Grundverb seine Eigenständigkeit behält und gesondert betont werden kann. Bei »kaputtgehen« hingegen ist nur Zusammenschreibung möglich, da »gehen« seine Eigenständigkeit zugunsten des neu entstandenen Begriffs aufgegeben hat. Auch »kaputtärgern«, »kaputtlachen« und »kaputtsparen« sind nur in Zusammenschreibung möglich, da »kaputt« hier die Funktion einer verstärkenden Vorsilbe erfüllt.

156

Was bedeutet »poussieren«?

b) **flirten, anbändeln**

»Poussieren« ist ein aus der Mode gekommener, aber landschaftlich noch gebräuchlicher Ausdruck für »anbändeln«, »flirten«, »jemandem den Hof machen«. Er geht zurück auf frz. »pousser« (= stoßen, vorantreiben), das in der Studentensprache vermutlich im Sinne von »eine Affäre vorantreiben« verwendet wurde und damit die Bedeutung »jemandem den Hof machen« annahm.

157

Auf wen geht der Ausdruck »treulose Tomate« ursprünglich zurück?

a) **auf die Italiener, die Deutschland im Ersten Weltkrieg im Stich ließen**

Als »treulose Tomaten« wurden die Italiener verunglimpft, die zu Beginn des Ersten Weltkriegs noch mit Deutschland und Österreich-Ungarn im Bunde standen, 1915 jedoch auf die Seite der Entente wechselten und damit Deutschland den Krieg erklärten.

Dass ein Volk mit seiner bekanntesten Frucht gleichgesetzt wird, ist nicht ungewöhnlich. Umgekehrt wurden die Deutschen aufgrund ihrer Vorliebe für Sauerkraut von den Amerikanern »Krauts« genannt.

158 Ein altes Wort für Onkel lautet »Oheim«. Ein altes Wort für Tante lautet ...

Muhme

Die Muhme ist eine aus dem 9. Jahrhundert stammende Bezeichnung für die Schwester der Mutter, also für eine Tante mütterlicherseits. In der Koseform »Mummi« zeigt sich die Verwandtschaft zu »Mama«. Die Muhme erfüllte oft die Funktion der Ersatzmutter und Patin. Mit der Auflösung traditioneller Formen des familiären Zusammenlebens ist auch das Wort »Muhme« aus dem Gebrauch gekommen.

159 Wer hat den »Struwwelpeter« erschaffen?

Heinrich Hoffmann

»Der Struwwelpeter« stammt aus der Feder des Frankfurter Arztes und Psychologen Heinrich Hoffmann (1809–1894). Wilhelm Busch (1832–1908) erschuf unter anderem »Max und Moritz«. Fritz Koch-Gotha (1877–1956) wurde für die »Häschenschule« bekannt. Wilhelm Hauff (1802–1827) verdanken wir Märchen wie »Kalif Storch« und »Der kleine Muck«.

In einem Mordfall überprüft Kommissar Plusquamperfekt die Zeugenaussagen und stellt fest, dass nur eine grammatisch korrekt ist.

d **Kevin: »Erst bin ich mit den Kumpeln in der Kneipe gewesen, dann war ich wie üblich allein zu Haus.«**

Das Plusquamperfekt ist das Tempus der Vorzeitigkeit. Es gibt die Vergangenheit wieder, die vor dem Präteritum oder Perfekt geschehen ist.

In Pauls Aussage haben wir es jedoch nicht mit Vorzeitigkeit, sondern mit der Gleichzeitigkeit zweier Ereignisse (auf dem Balkon stehen und Schüsse hören) zu tun. Das Plusquamperfekt ist daher nicht angebracht. Korrekt wäre: »Als ich gerade auf dem Balkon stand, hörte ich mehrere Schüsse« (oder »… habe ich mehrere Schüsse gehört«).

In Janis' Aussage müssen Perfekt und Plusquamperfekt den Platz tauschen, denn das Zubettgehen fand zeitlich vor dem Lesen statt, nicht umgekehrt. Korrekt lautet seine Aussage: »Nachdem ich zu Bett gegangen war, habe ich noch ungefähr eine Stunde gelesen.«

Freddy bedient sich des verdoppelten Perfekts (gemacht gehabt), das der Umgangssprache angehört. Seine Aussage lautet in korrektem Deutsch: »Bevor ich aus der Wohnung gegangen bin, hatte ich das Licht ausgemacht.«

Kevin hat alles richtig gemacht. Allerdings fehlt ihm wohl ein überzeugendes Alibi.

161

Nur eines dieser koffeinhaltigen Getränke ist richtig geschrieben. Welches?

Latte macchiato

»Latte« ist das italienische Wort für »Milch«, und »macchiato« bedeutet »befleckt«, es handelt sich nämlich um ein mit Kaffee versetztes (also beflecktes) Milchgetränk. Die anderen Getränke schreiben sich »Espresso« (konzentrierter Kaffee), »Cappuccino« (Kaffee mit Milchschaum) und »Café au Lait« (Milchkaffee). Das italienische Wort »macchiato« ist übrigens mit dem deutschen Wort »Makel« verwandt. Man spricht es »mackiato«, nicht »matschiato« oder »matschato«. Dafür ist das »h« verantwortlich, das das Doppel-»c« erhärtet und dafür sorgt, dass es nicht »tsch« gesprochen wird. Genauso wie es auch das »g« in »spaghetti« erhärtet und verhindert, dass es wie ein weiches »dsch« gesprochen wird. Während »Latte« ein Hauptwort ist und im Deutschen daher großgeschrieben wird, ist »macchiato« ein Adjektiv und wird kleingeschrieben.

162

Was ist ein Nebbich?

ein Nichtsnutz

Der Ausdruck »Nebbich« kommt aus dem Jiddischen und bezeichnet einen unbedeutenden Menschen, einen Nichtsnutz oder Taugenichts. In Bezug auf Gesprochenes hat es zudem die Bedeutung »Unsinn«, »Quatsch«: »Red keinen Nebbich!«
Es kann auch als Adverb fungieren mit der Bedeutung »leider«, »bedauerlicherweise«. Das westjiddische »nebech« geht vermutlich zurück auf polnisch »nieboga, niebożę« (»armes Ding«).

Jakob hat Medizin studiert. Nun will er sich auf ein Fachgebiet spezialisieren. Welches kommt dabei **nicht** in Frage?

 d **Entomologie**

»Gastroenterologie« ist die Wissenschaft, die sich mit Magen- und Darmerkrankungen befasst. Die »Proktologie« befasst sich mit Erkrankungen des Enddarms, »Pulmologie« (auch »Pneumologie«) mit Lungenerkrankungen. Entomologie ist ein Untergebiet der Zoologie und allgemein eher unter dem Begriff »Insektenkunde« bekannt.

Von den folgenden Übersetzungen ist nur eine richtig. Welche?

c **Präposition = Verhältniswort**

Präpositionen werden auf Deutsch »Verhältniswörter« genannt, da sie das Verhältnis zwischen Personen und Dingen bestimmen. Ob man etwas **von** jemandem bekommt oder **über** jemanden weiß oder **zu** jemandem sagt, wird durch diese (meist kurzen) Wörter geregelt. Adverbien sind Umstandswörter, die das Verb näher bestimmen. Oft sind sie Adjektiven gleich, doch sie unterscheiden sich von ihnen grundsätzlich darin, dass sie sich in der Regel nicht beugen und – bis auf wenige Ausnahmen – auch nicht steigern lassen. Pronomen (z. B. ich, du, er, sie, es) werden auf Deutsch »Fürwörter« genannt, weil sie »für« etwas oder jemanden stehen. Mittelwörter (Partizipien) sind bestimmte Verbformen wie zum Beispiel »stehend« (Präsenspartizip) oder »gestanden« (Perfekt-

partizip). Sie werden Mittelwörter genannt, weil sie eine Mittel-
stellung zwischen Verben und Adjektiven einnehmen.

165 Welches berühmte Werk stammt von Gottfried August Bürger?

Baron Münchhausen (b)

Die »Feldzüge und lustigen
Abenteuer des Freiherrn
von Münchhausen« (1786)
wurden von Gottfried
August Bürger herausge-
bracht, nachdem die Erzählungen 1781 erstmals von
einem anonymen Verfasser
veröffentlicht und vom in
Großbritannien lebenden
deutschen Gelehrten Rudolf
Erich Raspe ins Englische
übertragen worden waren.
Diese englische Fassung
übersetzte Bürger zurück
ins Deutsche, bearbeitete
sie und entwickelte sie weiter.

August von Wille: »Münchhausens Ritt auf der
Kanonenkugel« (1872)

»Don Quijote de la Mancha« (1605) stammt vom Spanier Miguel de
Cervantes, der als Begründer des Genres des Schelmenromans
gesehen werden kann. Der Verfasser des 1598 erschienenen
»Schiltbürgerbuchs« ist der sächsische Schriftsteller Johann
Friedrich von Schönberg. Die Geschichten des Till Eulenspiegel

erschienen erstmals 1510 unter dem Titel »Ein kurtzweilig lesen
von Dil Ulenspiegel«. Der Verfasser ist unbekannt.

166

Der Zug hatte 45 Minuten Verspätung, um nicht
zu sagen ...

eine Dreiviertelstunde

Die Dreiviertelstunde wird in einem Wort geschrieben – genau wie
der Dreiviertelliter, der Dreivierteltakt und die Dreiviertelhose.

167

Woher stammt die pikante Käsespeise
»Obatzter«?

aus Bayern

Obatzter (auch Obazda) ist Bairisch für »Angebatzter, Angedrückter,
Vermischter«. Die Speise besteht aus cremigem Käse (vorzugs-
weise reifem Camembert), der mit Butter und fein gehackten
Zwiebeln verrührt, mit Salz, Pfeffer, Paprika und Kümmel gewürzt
und mit Schnittlauch garniert wird. Als beliebter Brotaufstrich zur
Zwischenmahlzeit ist der Obatzte in jedem bayerischen Biergarten
erhältlich. Die meisten Hersteller bieten ihn als »Obazter« an, was
weder Hochdeutsch noch Bairisch ist, denn im Hochdeutschen ist
jedes »azt« ein »atzt«, die bairische Schreibweise hingegen wäre
eher »Obazda«. Der Duden führt diese berühmte Speise weder in
der einen noch in der anderen Schreibweise. Unter »Oba« findet
man dort allein die Namen Obadja und Obama.

168

Wie viele Kommas gehören in diese Aufzählung?

zwei Kommas

(c)

Draußen wehte ein kühler, würziger, belebender auflandiger Wind.

Der »auflandige Wind« wird durch die Attribute kühl, würzig und belebend bestimmt. Diese drei Attribute sind gleichwertig und werden daher untereinander durch Kommas getrennt, aber nicht vom »auflandigen Wind«. Es sind folglich genau zwei Kommas erforderlich.

169

Einige Wörter haben zwei Pluralformen. In welcher Reihe aber entspricht nur eine Pluralform dem Standard?

ein Stock – zwei Stöcke ~~oder Stöcker~~

(d)

Das Wort »Pizza« wird im Plural meist zu »Pizzas«, da es sich um ein Fremdwort aus dem Italienischen handelt. Daneben hat sich aber auch die deutsche Pluralendung auf »-en« eingebürgert. Beide Formen gelten als korrekt.

Der »Frack« wird im Plural zu »Fräcke«, die Form »Fracks« besteht aber auch, da es sich um ein Lehnwort aus dem Englischen handelt.

Aus einem »Denkmal« können im Plural sowohl »Denkmale« als auch »Denkmäler« werden.

Der »Stock« in der Bedeutung »abgeschnittener Ast«, »Holzstab« oder »Schläger« (beim Hockey) wird im Plural zu »Stöcke«. Die Form »Stöcker« ist eine Variante der norddeutschen Umgangssprache, die nicht dem Standard entspricht. Auch der Rosenstock, der Bienenstock und der Opferstock enden im Plural auf »-stöcke«. Wenn »Stock« die Bedeutung »Stockwerk«, »Geschoss« hat, bleibt es im Plural unverändert: »Das Haus ist zwei Stock hoch.«

Was versteht man unter einem »Hosenpaar«?

170

a) **ein einzelnes als Hose bekanntes Kleidungsstück**

Was wir heute unter einer Hose verstehen, war früher ein Hosenpaar, denn das Wort »Hose«, das mit »Hülle« und »Hülse« verwandt ist, bedeutete »Röhre« und stand daher ursprünglich nur für das einzelne Hosenbein. Noch heute ist dies bei der Windhose (= Wirbelsturm) und der Wasserhose (= Wasserwirbel) der Fall. Das Beinkleid des Mannes bestand also traditionell aus zwei Hosen, die am Bruch (= Schurz) befestigt waren. Auch im Englischen besteht die Hose aus einem Paar: Das Wort für Hose ist »a pair of trousers«, kurz »trousers«, oder »pants«, die Kurzform des vom Französischen »pantalons« entlehnten Wortes »pantaloons«.

171

Der für seinen leicht bitteren Geschmack
beliebte Salatspross der Zichorienwurzel
schreibt sich ...

Chicorée

Der Name stammt aus dem Französischen, denn Chicorée wurde
zuerst in Belgien gezüchtet. Die Schreibweise blieb im Deutschen
unverändert. Eine Zeit lang gab es die Nebenform »Schikoree«,
doch hat sie sich nicht durchsetzen können und wurde 2010 vom
Rat für deutsche Rechtschreibung schließlich für unzulässig erklärt.

172

Was bedeutet »Emeritierung«?

**altersbedingte Befreiung von der Dienstpflicht
bei hohen katholischen Würdenträgern und
Hochschulprofessoren**

»Emeritierung« ist ein Fachbegriff für die altersbedingte Befreiung
von der Pflicht zur Wahrnehmung der Amtsgeschäfte bei hohen
katholischen Würdenträgern und Hochschulprofessoren. Bei einer
Emeritierung bleiben Titel und Weihegrade bestehen; ein Bischof
ist folglich auch im Ruhestand weiterhin ein Bischof und ein
Professor bleibt Professor bis zu seinem Tod. Ein berühmtes Beispiel für eine Emeritierung eines hohen geistlichen Würdenträgers
lieferte Papst Benedikt XVI., der im Februar 2013 seinen Amtsver-
zicht erklärte.

Bei Politikern, die ihre Ämter niederlegen, spricht man von »Rücktritt«. Bei Monarchen, die dem Thron entsagen, spricht man von
»Abdankung«. Juan Carlos ist also kein »emeritierter König«,

sondern ein »abgedankter König«. Allerdings trägt Juan Carlos auf Lebenszeit den Ehrentitel »König«, was dazu geführt haben mag, dass ihn einige Zeitungen als »emeritiert« bezeichneten. Die ehemalige Königin der Niederlande, Beatrix, indessen trägt seit ihrer Abdankung den Titel »Prinzessin der Niederlande«.

Was füllt die Lücke korrekt? 173

c   dem deutschen Philosophen

Ein Einschub mit Artikelwort steht im selben Fall wie das Hauptwort, auf das er sich bezieht. Da Schopenhauer von der Präposition »von« in den Dativ versetzt wurde, muss auch der Einschub im Dativ stehen. Und »der Philosoph« wird im Dativ zu »dem Philosophen«.

Wer jemandem in guter Absicht etwas Schlechtes tut, der erweist ihm sprichwörtlich einen ... 174

d   Bärendienst

In der Fabel »Der Bär und der Gartenfreund« von Jean de la Fontaine (1621–1659) schlägt ein gezähmter Bär mit einem Stein nach einer Fliege, die sich auf dem Gesicht seines schlafenden Herrn niedergelassen hat. Die Folge: Die Fliege ist tot, der Gärtner aber auch, und der Dienst des Bären ist sprichwörtlich verewigt.
Von den anderen genannten Möglichkeiten dürfte der »Heucheldienst« am wenigsten bekannt sein. Es ist ein veraltetes Synonym für »Heuchelei«, das sich sowohl bei Luther als auch noch bei Goethe findet.

175

Was Ihnen der Friseur in allen Einzelheiten erzählt, das erzählt er Ihnen ...

haarklein

Wenn Sie auf »haargenau« getippt haben, lagen Sie haarscharf daneben, denn zwischen »haargenau« und »haarklein« besteht ein haarfeiner Unterschied.

176

Von den folgenden vier Adjektiven ist nur eines richtig geschrieben. Welches?

renommiert

Die korrekten Schreibweisen sind »privilegiert« (von lat. »privilegium« = Vorrecht), »enthusiastisch« (aus gr. »enthousiasmós« = Gottesbegeisterung), »fulminant« (aus frz. »fulminant« und lat. »fulminans« = Blitze schleudernd) und »renommiert« (aus frz. »renommeé« = Ansehen, Ruhm).

177

Welches Wort ist ein echter Anglizismus??

Countdown

Was man im Deutschen unter einem »Beamer« versteht, ist im Englischen ein »projector«. In der amerikanischen Umgangssprache ist »Beamer« ein Fahrzeug von BMW, im britischen Englisch ein Fachausdruck aus dem Sport (für einen bestimmten Wurf beim Cricket).

Das Wort »old-timer« gibt es im Englischen gleichwohl, doch bedeutet es dort »alter Mann«. Historische Automobile werden im Englischen »vintage cars« genannt.

Der Talkmaster ist im Englischen (ebenso wie der Showmaster) der »television host«. Allein der Countdown, das Rückwärtszählen der Sekunden bis zum Eintreten eines bestimmten Ereignisses, ist ein echter Anglizismus. Einer von ungefähr 5000* im Deutschen.

(*Schätzung aus dem Jahr 2004)

178

Von welchem Dichter stammen die Worte »Frühling lässt sein blaues Band wieder flattern durch die Lüfte«?

a Eduard Mörike (1804–1875)

1829 schrieb der in Ludwigsburg geborene Pfarrer und Dichter Eduard Mörike ein Gedicht mit dem Titel »Er ist's«, das erst lange nach seinem Tod die gebührende Anerkennung fand und seitdem von vielen Generationen in der Grundschule auswendig gelernt wurde:

Frühling lässt sein blaues Band

Wieder flattern durch die Lüfte;

Süße, wohlbekannte Düfte

Streifen ahnungsvoll das Land.

Veilchen träumen schon,

Wollen balde kommen.

– Horch, von fern ein leiser Harfenton!

Frühling, ja du bist's!

Dich hab ich vernommen!

179

Wie heißt das Sprichwort richtig?

Früh gefreit, nie bereut.

(c)

Man kennt das Sprichwort auch als »Jung gefreit, (hat) nie gereut«.
Es geht dabei um die Ehe. Wer sich jung vermählt, wird dies nicht
bereuen, besagt das Sprichwort, da junge Brautleute sich noch
leichter aufeinander einstellen können als ältere, deren Persön-
lichkeiten möglicherweise schon zu starke Unterschiede aufweisen.
Natürlich ist diese Erkenntnis umstritten, daher existieren von dem
Sprichwort auch gegenteilige Versionen, die ironisch und spöttisch
sind: »Jung gefreit hat oft bereut« oder »Früh gefreit, bald bereut«.

180

Das Wort »verballhornen« geht zurück auf ...

einen Lübecker Buchdrucker namens Johann Balhorn

(a)

»Verballhornen« geht auf den Lübecker Buchdrucker Johann
Balhorn (spätere Schreibweise: Ballhorn) zurück, der im 16. Jahrhundert lebte. Im Auftrag des Lübecker Rates hatte Balhorn eine

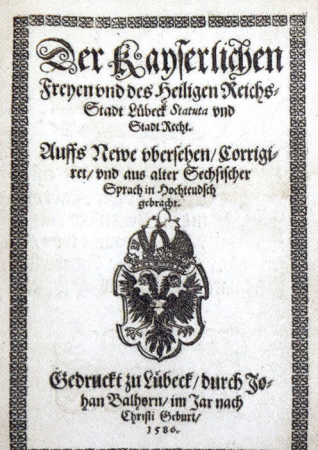

vom Niederdeutschen ins Hochdeutsche
übertragene Fassung des lübischen
Rechts gedruckt, die aber zahlreiche
Änderungen enthielt, welche sich die
Übersetzer wohl eigenmächtig erlaubt
hatten. Dafür konnte Balhorn nichts,
denn er war ja lediglich der Drucker. Da
auf dem Titelblatt jedoch nicht die
Namen der Übersetzer standen, stattdessen aber der Vermerk »Gedruckt zu

Lübeck durch Johan Balhorn im Jar nach Christi Geburt 1586«, wurde »verballhornen« alsbald zu einem geflügelten Wort für »verfälschen«, »umdeuten« oder »verschlimmbessern«.

Wie viele Fehler befinden sich auf diesem Schild? 181

d **zehn Fehler**

1.) Das Wort »geehrte« wird kleingeschrieben.
2.) Hinter die Anrede gehört ein Komma: »Sehr geehrte Kunden, ...«.
3.) Das Verb »bitten« wird kleingeschrieben.
4.) Der erweiterte Infinitiv hinter »darum« wird mit Komma abgetrennt: »wir bitten darum, den Markt ... zu betreten«.
5.) Die Form »einzelnt« gibt es nicht, es heißt »einzeln«.
6.) Das Wort »Mindestabstand« wird zusammengeschrieben. Silbentrennung erfolgt mit Trennstrich und Kleinschreibung des zweiten Wortteils.
7.) Die 3. Person Singular Präsens des Verbs »gelten« schreibt sich »gilt«.
8.) Die zum Anredepronomen »Sie« gehörenden Formen »Ihr« und »Ihnen« werden großgeschrieben. Da es sich um einen Folgefehler handelt, zählen »ihr« und »ihnen« hier nur als ein Fehler.
9.) »Ein angenehmer Einkauf« wird im Akkusativ zu »ein**en** angenehmen Einkauf«.
10.) Sofern es nicht am Satzanfang steht (was hier nicht der Fall ist), wird das Possessivpronomen »unserem« kleingeschrieben.

> Sehr Geehrte Kunden wir
> Bitten darum den Markt
> nur einzelnt zu betreten
> und auf den Mindest
> Abstand zu achten.
> Es gild Maskenpflicht !!!
>
> Wir danken für ihr Verständnis
> und wünschen ihnen ein
> angenehmen Einkauf in
> Unserem Markt !!!

182

Welcher dieser Meister ist kein Mensch, sondern ein Tier?

Strandmeister

Der Strandmeister ist eine Bezeichnung für den dominanten Bullen einer See-Elefantenherde, der das alleinige Recht zur Paarung mit sämtlichen Weibchen für sich beansprucht.

Der Wasenmeister ist eine aus dem Oberdeutschen stammende Berufsbezeichnung für den Verwerter von Tierkadavern, allgemein auch als »Abdecker« bekannt. Das Wort »Wasen« bedeutet »Rasen«, »feuchter Boden« und steht hier für den Schindanger, jenen gemeinschaftlichen Platz eines Dorfes oder einer Stadt, auf dem totes Vieh gehäutet und verscharrt wurde.

Ein Forstmeister ist dasselbe wie ein Oberförster. »Waldmeister« schließlich ist der Name einer Pflanze, die auch »Wohlriechendes Labkraut« genannt wird und vor allem als Geschmacksrichtung von Speiseeis und Götterspeise bekannt ist.

Von diesen vier Sätzen mit Konjunktiv ist nur einer korrekt. Welcher?

 Man wird denken, du seist verrückt.

Die Wiedergabe einer Vermutung oder Überzeugung hinter »denken« und »glauben« erfolgt in der Regel im Konjunktiv I: »Er glaubte, er habe sich verhört«; »Man wird denken, du seist verrückt«.

In indirekter Rede steht das finite Verb im Konjunktiv I. Der Satz »Eva behauptete: ›Ich bin ihm nie begegnet‹« wird in indirekter Rede zu »Eva behauptete, sie sei ihm nie begegnet«.

Die Form »wäre« ist nur dann korrekt, wenn sich noch eine Bedingung anschließt: »Eva behauptete, sie wäre ihm nie begegnet, wenn es an diesem Tag nicht geregnet hätte.«

Die Beschreibung einer unerfüllten Möglichkeit (das, was unter bestimmten Umständen hätte passieren können) erfolgt im Konjunktiv II: »Du wirst dir noch wünschen, das alles wäre nie passiert.« Man nennt diesen Modus »Irrealis«, denn er beschreibt etwas, das nicht eingetreten ist.

Im Büro hat der Chef das Sagen. Zu Hause allerdings hat seine Frau sprichwörtlich »das Heft in der Hand«. Welches Heft ist damit gemeint?

 der Griff eines Schwertes

Der Haltegriff eines Schwertes oder Messers wird »Heft« genannt. Die Redewendung »das Heft in der Hand haben / halten« geht aufs

Mittelalter zurück. Wer eine Waffe führen konnte, war den Waffenlosen überlegen. Daraus entwickelte sich die Bedeutung »das Sagen haben«.

185 Welches deutsche Wort gibt es im Englischen nicht?

Kartoffel

Natürlich kennen Briten und Amerikaner die Kartoffel, allerdings nicht unter ihrem deutschen Namen, sondern nur als »potato«, welches vom Spanischen »patata« stammt, das seinerseits auf eine Sprache der Ureinwohner der Karibik zurückgeht. Selbst wenn Sie auf einem explizit als »German Fest« ausgewiesenen Folklorefest in den Vereinigten Staaten zu Ihrer Bratwurst mit Sauerkraut »Kartoffeln« verlangen, wird man Sie verständnislos anblicken.

186 Welches Wort hat zwei Bedeutungen?

Weihe

Eine Wähe ist ein im Elsass, in der Schweiz und in Baden-Württemberg heimischer Blechkuchen, bestehend aus einem Mürbeteig (gelegentlich auch Blätterteig oder Hefeteig), der wahlweise süß (mit Früchten) oder herzhaft (mit Gemüse und Käse) belegt wird. Ein Weiler ist eine meistens aus einem Gehöft hervorgegangene Siedlung, die kleiner als ein Dorf ist. Das Wort geht auf das lateinische »villare« (Siedlung um ein Landgut) zurück und ist haupt-

sächlich im Süden und Westen des deutschen Sprachraums anzutreffen, was sich auch in zahlreichen Ortsnamen widerspiegelt, die
auf -weiler enden.

Ebenfalls im Süden und Westen des deutschen Sprachraums
verbreitet ist das Wort »Weiher« für einen kleinen, flachen See.
Eine Weihe schließlich ist einerseits eine religiöse Zeremonie
(z. B. die Ordination von Priestern, Diakonen und Bischöfen, aber
auch die Segnung von Kirchen, Gebäuden, Glocken oder Fahnen),
andererseits der Name eines zur Familie der Habichtartigen zäh-
lenden Greifvogels (wissenschaftlicher Name »Circus«). Bei einer
Kornweihe, Waldweihe oder Wiesenweihe handelt es sich nicht um
eine Segnung der Natur, sondern um Vertreter dieser Vogelgattung,
die aber zweifellos ein Segen der Natur sind. Ihr Bestand in Europa
ist durch die Zerstörung ihres Lebensraumes in den letzten hundert Jahren allerdings drastisch zurückgegangen. Die Waldweihe
ist bereits ausgestorben.

Welche Schreibweise ist nicht erlaubt?

187

(c) ~~zuende~~

Die Fügungen »zu Grunde«, »zu Gunsten«, »zu Lasten«, »zu Leide«,
»zu Mute«, »zu Rate«, »zu Tage«, »zu Schanden« oder »zu Wege«
können sowohl getrennt als auch zusammengeschrieben werden.
Bei »zuliebe« ist nur Zusammenschreibung möglich, da der zweite
Bestandteil seinen Hauptwortcharakter eingebüßt hat; »zuliebe«
funktioniert nur noch als Adverb. »Zu Ende« hingegen wird stets in
zwei Wörtern geschrieben, da das »Ende« einen zu starken Hauptwortcharakter hat, als dass es mit »zu« verschmelzen könnte.

188

Hinter welchem dieser Monatsnamen verbirgt sich **keine** römische Gottheit?

Februar

Der Februar wurde nach dem römischen Reinigungsfest »Februa« benannt (von lat. »februare« = sühnen, reinigen) und war im römischen Kalender ursprünglich der letzte Monat des Jahres. Der Januar (oder Jänner) ist nach dem römischen Gott Janus benannt, dem Gott des Anfangs und des Endes, der März nach dem römischen Kriegsgott Mars und der Juni nach der römischen Göttin Juno, der Gattin des Göttervaters Jupiter, Göttin der Ehe und Beschützerin von Rom.

189

Wie viele Präpositionen stehen standardsprachlich mit dem Genitiv?

96

Es sind tatsächlich nicht weniger als 96. Zählte man die Varianten noch mit, käme man sogar auf einhundert. Dass höchstens ein Drittel davon in der Alltagssprache Verwendung findet, ist jedoch kein Zeichen für einen Sprachverfall: Der Genitiv war stets ein Kasus der gehobenen Sprache und daher mehr in der geschriebenen als in der gesprochenen Sprache anzutreffen. Das gilt auch für die meisten Präpositionen, die den Genitiv regieren: abseits, abzüglich, anfangs, angelegentlich, angesichts, anhand, anlässlich, anstatt, anstelle, antwortlich, aufgrund, aufseiten, ausgangs, ausschließlich, außer[1], außerhalb, ausweislich, bar, behufs, beid(er)seits, betreffs, bezüglich, binnen, dank, diesseits, eingangs, eingedenk, einschließlich, entlang[2], exklusive, fernab, gelegentlich, halber, hinsichtlich, infolge, inklusive, inmitten, innerhalb, innert[3], in puncto, jenseits, kraft, längs, längsseits, laut, links, mangels, mithilfe, mittels(t), namens, nördlich, nordöstlich, nordwestlich, ob, oberhalb, östlich, punkto[3], rechts, rücksichtlich, seitab, seitens, seitlich, seitwärts, statt, südlich, südöstlich, südwestlich, trotz, um ... willen, unbeschadet, uneingedenk, unerachtet, unfern, ungeachtet, ungerechnet, unterhalb, unweit, vermittels(t), vermöge, voll(er), von ... wegen, vonseiten, vorbehaltlich[4], während, wegen, weitab, westlich, zeit, zufolge[5], zugunsten, zuhanden[6], zulasten, zuseiten, zuungunsten, zuzüglich, zwecks.

---

[1] nur in: außer Landes gehen
[2] als Präposition mit Genitiv, als Postposition mit Akkusativ: entlang des Flusses; den Fluss entlang
[3] bes. österreichisch und schweizerisch
[4] schweizerisch: vorbehältlich
[5] als Präposition mit Genitiv, als Postposition mit Dativ: zufolge meines Chefs; meinem Chef zufolge
[6] schweizerisch für: zu Händen

190

Welche der folgenden Eigenschaften ist nicht geeignet, will man die Vorzüge eines Menschen beschreiben?

(c) **enerviert**

Wer »enerviert« ist, der ist »überbeansprucht«, »genervt« oder »strapaziert«. Die lateinische Vorsilbe »e« bedeutet »aus ... heraus«, die wörtliche Bedeutung ist demnach »außerhalb der Nerven sein«. Wer »engagiert« ist, der ist entweder beruflich verpflichtet worden oder setzt sich entschlossen für etwas ein. Das frz. Verb »engager« bedeutet »verpflichten«, »in Sold nehmen«.

»Prädestiniert« (von lat. »praedestinare«) bedeutet »vorbe-stimmt«, »wie geschaffen« für etwas sein.

Und »versiert« (von frz. »versé«) bedeutet »erfahren«, »beschla-gen«. Es ist eine Ableitung des lateinischen Verbs »versārī«, das »sich mit etwas beschäftigen« bedeutet, eigentlich »sich um etwas herumbewegen«.

191

2017 wurden die amtlichen Rechtschreibregeln noch einmal geringfügig reformiert. Welche Änderung trat dabei in Kraft?

Der Buchstabe ß wurde als GROẞBUCHSTABE zugelassen. (c)

Der Buchstabe ß, den es bislang nur in Kleinschreibung gab, ist seit 2017 auch als Großbuchstabe (ẞ) zugelassen. Die Verpflich-tung, ihn in Versalien durch »SS« zu ersetzen, entfällt somit. Allerdings wird es noch eine Weile dauern, bis das große Eszett auf allen Tastaturen und in allen Schriftarten verfügbar ist.

Das Wort »Elter« ist fachsprachlich, es existiert schon seit gerau-mer Zeit und wird in Wörterbüchern mit dem Vermerk »fach-sprachlich für ein Elternteil« geführt.

Die Zulassung von Sternchen, Doppelpunkt und großem »I« inner-halb eines Wortes ist noch nicht amtlich, wird es aber möglicher-weise eines Tages sein.

Wenn ein Schweizer von einem »Verschrieb«
spricht, dann meint er ...

einen Rechtschreibfehler

Wenn Sie Schweizer oder Schweizerin sind, dann war das natürlich
ein leicht verdienter Punkt, denn jeder in der Schweiz weiß, dass
ein Verschrieb ein Rechtschreibfehler ist.

Es gibt sieben deutsche Städte, die auf »-hafen«
enden. Drei davon schreiben sich allerdings mit
»v«, enden also auf »-haven«. Welches dieser vier
Paare ist als einziges korrekt?

Wilhelmshaven und Heiligenhafen

Die Hafenstädte Bremerhaven und Cuxhaven wurden zu einer Zeit
gegründet, als im Norden noch das Niederdeutsche Amtssprache
war. Und im Niederdeutschen wird »Hafen« mit »v« geschrieben –
wie auch im Englischen (»haven«). Die Stadt Wilhelmshaven
wurde erst im 19. Jahrhundert gegründet und hätte daher eigentlich mit »f« geschrieben werden müssen, da die Amtssprache
inzwischen Hochdeutsch war. Der Hafenbaudirektor, der den
Namen in die Urkunde setzte, tat dies allerdings nach niederdeut-
schem Brauch mit »v«. In Berlin wollte man den vermeintlichen
Fehler wieder ändern, doch König Wilhelm I. gefiel die Schreibweise mit »v«, und so blieb es dabei.
Ebenfalls im Norden liegt Heiligenhafen, eine Kleinstadt an der
schleswig-holsteinischen Ostseeküste. Auf Niederdeutsch wird sie
Hilligenhaven genannt, doch hat sich in diesem Fall die hochdeut-

sche Schreibweise mit »f« durchgesetzt. Die kleinste Stadt mit
»-hafen« ist der an der Weser in Nordhessen gelegene Kurort Bad
Karlshafen.
Weitere Ortschaften mit »-hafen« sind die niedersächsische
Elbgemeinde Wischhafen, die zum Landkreis Karlsruhe gehörende
Gemeinde Eggenstein-Leopoldshafen und die am Bodensee gele-
gene Gemeinde Bodman-Ludwigshafen.

194

»Mit Mengenlehre kenne ich mich nicht aus«,
sagte der Vater zum Lehrer. »Das sind für
mich ...«

böhmische Dörfer

C

Die Redensart entstand vermutlich, weil viele böhmische Ortsnamen tschechisch waren und von Menschen mit deutscher Mutter-
sprache weder verstanden noch ausgesprochen werden konnten.
So heißt es bereits in einem Fabelepos aus dem 16. Jahrhundert:
»Ich sagt ihm, das bey meinen eren / mir das behmisch dörffer
weren.«
Eine ähnliche Bedeutung hat die Wendung »Das kommt mir spa-
nisch vor«, die auf die Regentschaft Karls V. (1520–1556) zurückgeht, der als König von Spanien deutscher Kaiser wurde und
Moden und Gebräuche einführte, die den Deutschen fremdartig
erschienen.
Gelegentlich werden beide Wendungen vermengt und die böhmi-
schen werden zu spanischen Dörfern. So findet man in Goethes
»Werther« den Satz: »Das waren dem Gehirne spanische Dörfer.«
Bei Johann Gottfried Herder (1744–1803) liest man auch von
»böhmischen Wäldern« als Metapher für das Unbekannte.

Nur einer dieser Sätze ist grammatisch korrekt. Welcher?

(a) **Er enthielt sich jeglichen Kommentars.**

Die reflexiven Verben »sich besinnen«, »sich annehmen«, »sich enthalten« und »sich erwehren« gehören zu den rund 50 Verben, die mit dem Genitiv stehen. Allerdings kann man sich eines Besseren nicht besinnen lassen, sondern nur belehren lassen. Der entsprechende Satz muss also entweder lauten »Vielleicht lässt er sich eines Besseren belehren« oder »Vielleicht wird er sich eines Besseren besinnen«. Die anderen Sätze lauten korrekt »Es ist gut, dass sich mal jemand dieses Themas annimmt« und »Eines solchen Ansturms konnte er sich kaum erwehren«.

Mit welchem Wort ist das Adjektiv »abtrünnig« verwandt?

(b) **trennen**

Der Ursprung des Wortes liegt im Verb »trennen« und lässt sich bereits im althochdeutschen »abatrunnig« (= wer sich von etwas absondert) wiederfinden. Das damit verwandte Hauptwort »trünne« für »Schar, Herde« (eigentlich »Teil, Abteilung«) ist indes untergegangen.

197

Wie viele unterschiedliche Bedeutungen hat das Verb »versetzen«?

zehn

Das Verb »versetzen« hat (mindestens) zehn unterschiedliche Bedeutungen:

1.) die Position von Dingen verändern (z. B. eine Schachfigur versetzen)
2.) jemandem etwas zufügen (z. B. jemandem einen Schlag, einen Tritt versetzen)
3.) einen Schüler in die nächsthöhere Klassenstufe befördern
4.) einen Angestellten in eine andere Position oder an einen anderen Standort schicken
5.) Wertgegenstände zu Geld machen, verpfänden
6.) jemanden vergeblich warten lassen
7.) verdünnen, strecken (z. B. Wein mit Glykol versetzen)
8.) sich oder jemanden in einen anderen Zustand bringen (in Trance, Hypnose, Furcht, Angst und Schrecken versetzen)
9.) einen gedanklichen Rollentausch vornehmen (sich in jemandes Lage versetzen)
10.) antworten, erwidern (»Nein!«, versetzte er.)

198

Was verbindet »Haribo« und »Ikea« mit »Nato« und »Unesco«?

Alle vier sind Akronyme.

Haribo, Ikea, Nato und Unesco sind sogenannte Akronyme, d. h. Abkürzungswörter, die aus den Anfängen mehrerer Wörter gebildet sind. Haribo steht für »Hans Riegel Bonn«, Ikea setzt sich aus den Anfangsbuchstaben des Firmengründers »Ingvar Kamprad«, seines elterlichen Hofs »Elmtaryd« und seines Heimatortes »Agunnaryd« zusammen. Nato steht für »North Atlantic Treaty Organization« (Organisation des Nordatlantikvertrags, verkürzt auch Nordatlantikpakt genannt) und Unesco für »United Nations Educational, Scientific and Cultural Organization« (Organisation der Vereinten Nationen für Bildung, Wissenschaft und Kultur).

Akronyme sind Abkürzungswörter, die man so sprechen kann, wie sie geschrieben werden, also nicht Buchstabe für Buchstabe, sondern als ein Wort. Daher werden sie nach den Regeln der deutschen Rechtschreibung auch wie jedes andere Haupt- oder Namenwort geschrieben, nämlich nicht in Großbuchstaben, sondern nur mit großem Anfangsbuchstaben, auch wenn die Eigenschreibweise mitunter davon abweicht.

199

Was drückt das »aber« bei Luther aus?

(c) **Es drückt eine Verknüpfung aus wie »und, außerdem«.**

Luther verwendete das Wort »aber« als Bindewort, das keinen Gegensatz hervorhebt, sondern auf etwas anderes, Neues hinweist. Sätze wie »Abraham aber nahm nochmals ein Weib«, »Moses aber nahm seinen Stab und schlug zweimal gegen den Felsen«, »Der Engel aber sprach: Fürchtet euch nicht« und »Jesus aber nahm die Brote, dankte und gab sie den Jüngern, die Jünger aber denen, die sich gelagert hatten« bringen keine Gegensätze zum Ausdruck, sondern miteinander verknüpfte Handlungen.

Heute würde man den Beginn der Weihnachtsgeschichte vermutlich mit den Worten »Und es begab sich zu der Zeit« wiedergeben.

200

Was wurde zuletzt an Goethes »Die Leiden des jungen Werthers« geändert?

der Titel des Romans

a

Auf der 1825 erschienen Ausgabe zum 50. Jubiläum der Erstausgabe fiel das Genitiv-»s« bei »Werthers« weg. Damit trug Goethe dem Sprachwandel seiner Zeit Rechnung: Die starke Beugung des Eigennamens hinter dem gebeugten Artikel »des« war im 19. Jahrhundert mehr und mehr aus der Mode gekommen, da man sie als hyperkorrekt und letztlich unschön empfand. Auch heute erhalten Namen in der Regel keine weitere Genitiv-Markierung, wenn ihnen ein gebeugter Artikel (»des« oder »der«) vorausgeht.

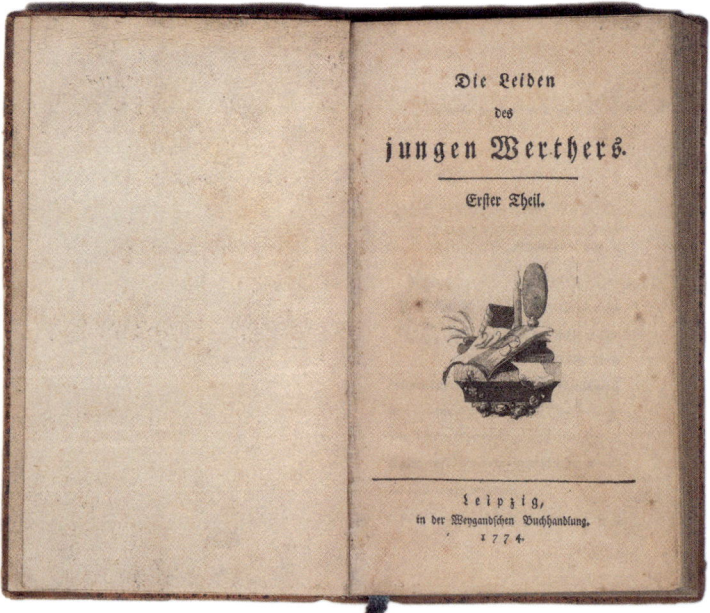

Übrigens hatte sich auch der Name des Verfassers mehrmals geändert, dies allerdings schon früher. Die 1774 in Leipzig bei der Weygandschen Buchhandlung verlegte Erstausgabe war anonym erschienen. Auch die »Zweyte ächte Auflage« des Jahres 1775 erschien ohne Nennung des Verfassers. Da der Roman jedoch auf tatsächlichen Ereignissen beruhte, hatte man Goethe bald als den Urheber ausfindig gemacht. So erschien der »Werther« im selben Jahr im Rahmen einer Gesamtausgabe beim Berliner Buchhändler Himburg unter »J. W. Goethens Schriften«. Auf der Neufassung des Jahres 1787 stand dann als Name des Verfassers »Von Goethe«, denn Goethe war zwischenzeitlich (um genau zu sein, im Jahre 1782) geadelt worden und führte seitdem den Namenszusatz »von«.

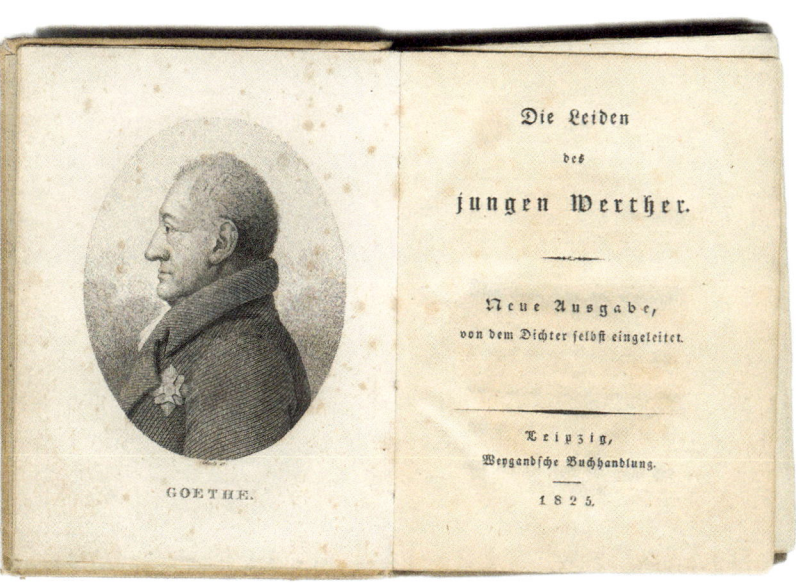

BILDNACHWEIS

DIE AUSWERTUNG

Wohldenn,

der Wettstreit ist vorbei, Ihr seid am Ziel. Zählt nun Eure Punkte aus den zehn Runden zusammen und erfahret, mit welchem Amt Euch Graf Henry für Euren Mut, Eure Ausdauer und Euer Können zu belohnen gedenkt.

bis 19 Punkte:
Kellermeister /-in der deutschen Sprache

Ihr habt es immerhin versucht! Zum Dank werdet Ihr von Graf Henry mit dem Amt des Kellermeisters betraut. Was jedoch nicht heißt, dass Ihr Zugang zu seinen Weinvorräten hättet. Das Amt beschränkt sich auf den Kohlenkeller, der aber ebenso wichtig ist. Doch lasst Euch das Kohlenschaufeln nicht von den gewitzten Wortwichteln abnehmen, die im Keller ihr Unwesen treiben. Die machen sich nur mit Eurer Kohle aus dem Staub, und alles, was Euch bleibt, ist Kohlenstaub.

20 bis 39 Punkte:
Wärter /-in der Unwörter und Flüche

Dieses Amt verlangt einiges an Selbstbeherrschung und Kraft. Das Gehalt ist zwar bescheiden, doch habt Ihr Anrecht auf einen Teller Buchstabensuppe und eine Portion Wortsalat am Tag. Ihr bewacht die gräfliche Kammer der Unwörter und Flüche. Die dorthin verbannten Wörter sind allerdings recht eigensinnig und versuchen immer wieder zu entkommen. Seid also auf der Hut, dass keines hinausgelangt! Denn für jeden entwichenen Fluch verlangt der Graf einen Taler in die Strafkasse.

40 bis 59 Punkte:
Wächter /-in der vergessenen Wörter

Dieses Amt ist nicht zu unterschätzen. Wiewohl Ihr im Wettstreit ein ums andere Mal das Ziel verfehlt habt, habt Ihr Euch doch als würdig erwiesen, die Kammer der vergessenen Wörter zu bewachen, in der Ihr selbst, wenn Ihr sie gut in Ordnung bringt, ständig neue Kostbarkeiten entdecken könnt, die Euch auf Dauer von Nutzen sein werden.

60 bis 79 Punkte:

Stallmeister /-in der Satzzeichen

Da heute kaum noch jemand weiß, wo Kommas zu setzen sind, wann ein Apostroph angebracht ist und wann nicht und wozu eigentlich das Semikolon gut ist, kommt Euch das ehrenvolle Amt zu, die vernachlässigten Satzzeichen zu pflegen. Gebt Ihnen gutes Futter, striegelt sie regelmäßig und lasst sie zum Auslauf in die freie Syntax. Man wird es Euch mit Dankbarkeit lohnen.

80 bis 99 Punkte:

Hüter /-in der erlesenen Schriften

Ihr habt Euch wacker geschlagen und seid im unteren Mittelfeld gelandet. Zum Lohn vertraut Euch der Graf die Verwaltung seiner Sammlung von erlesenen Schriftrollen und Pergamenten an. Gebt gut auf diese Schätze acht, denn überall lauern Leseratten und Bücherwürmer, die nur darauf warten, aus den erlesenen Schriften zerlesene Schriften zu machen.

100 bis 114 Punkte:
Ombudsmann /-frau der Orthografie

Ein dreistelliges Ergebnis verlangt ein dreifaches Oho und ein ehrenvolles Amt: Als Ombudsmann oder Ombudsfrau der Orthografie vertretet Ihr die Rechte der wehrlosen Wörter und schützt sie vor fälschlichem Gebrauch. Sie können jeden Beistand gebrauchen, denn allzu oft werden sie durch Falschschreibung entstellt oder ihrer Bedeutung beraubt. Für die Ausübung Eures Amtes steht Euch eine unbegrenzte Menge an Rotstiften und Radiergummis zur Verfügung.

115 bis 129 Punkte:
Verwalter /-in der Wortblumengärten

Deutlich mehr als die Hälfte habt Ihr gewusst. Dafür wird Euch eine besondere Ehre zuteil: Der Graf betraut Euch mit der Aufsicht über seine Wortblumengärten. Dort gedeihen neben famosen Expressionen und zarten Silbenpflänzchen die prächtigsten Komposita. Zwischen wohlriechendem Metaphernkraut und saftigen Allegorüben werdet Ihr die Stilblüten rupfen und wild wuchernde Anglizismusranken zurechtstutzen.

130 bis 144 Punkte:
Mundschenk der gepfefferten Rede

In der Wortwahl und auch bei anderen Themen habt Ihr exzellenten Geschmack bewiesen, daher ernennt Euch der Graf zu seinem Mundschenk. Wann immer es jemandem nach einem Bonmot gelüstet, seid Ihr zur Stelle und kredenzt schmackhafte Worthäppchen und fein gesalzene Aperçus auf silbernem Tablett. Ihr besitzt den Schlüssel zum gräflichen Taubenschlag voller geflügelter Worte, die Ihr zu jedem Anlass passend in die Luft zu schicken wisst.

145 bis 159 Punkte:
Hofrat /-rätin der Rededruckerei

Eure Kenntnisse der Rechtschreibung, Wortwahl und Grammatik sind beeindruckend! Daher dürft Ihr die Aufsicht über die gräfliche Druckerei führen. Dabei müsst Ihr es mit dem Fehlerteufel aufnehmen, der Euch beharrlich ins Handwerk zu pfuschen versucht. Doch am Ende werdet Ihr beweisen, dass jedes Eurer Druck-Erzeugnisse so gut ist wie jedes Eurer Drucker-Zeugnisse.

160 bis 169 Punkte:
Privatsekretär /-in der vier Fälle

In Eurer Amtsstube gehen Nominativ, Dativ und Akkusativ ein und aus. Und auch der Genitiv schaut gerne vorbei, denn bei Euch kann er versichert sein, dass man seiner noch bedarf. Sogar ein fünfter Fall ist Euch bekannt, der sogenannte Casus knacksus, zumal Ihr bewiesen habt, dass Ihr imstande seid, manch harte grammatische Nuss zu knacken.

170 bis 179 Punkte:
Siegelverwahrer /-in der Schreibkunst

Eines steht fest: Mit gewöhnlicher Schulbildung wäret Ihr nie so weit gekommen! Ihr verfügt über spezielle Kenntnisse – sei es auf dem Gebiet der Zeichensetzung, der Wortgeschichte oder der Literatur. Aus diesem Grund überträgt Euch der Graf das Amt des Siegelverwahrers und legt die Aufsicht über seinen gesamten Schriftverkehr in Eure Hände.

180 bis 189 Punkte:
Zunftmeister /-in der Wortzauberer

Als Ratgeber in Wort und Schrift seid Ihr unentbehrlich. Ihr beherrscht die Regeln wie kaum ein Zweiter und versteht es, die Beschwörungsformeln der Zauberbücher »Orthographia Generalis« und »Grammatica Magica« anzuwenden und bösartige Wortklauberdämonen und Fehlschreibschimären mit einer leichten Handbewegung zu vertreiben.

190 bis 199 Punkte:
Schatzmeister /-in der goldenen Wörter

Dass Graf Henry dieses Amt in Eure Hände legt, zeugt von seinem unerschütterlichen Vertrauen in Eure Schreib- und Redekunst. Und dieses Vertrauen habt Ihr Euch wahrlich verdient, denn nahezu alle Eure Pfeile trafen ins Schwarze! Da Ihr unbeschränkten Zutritt zur Schatzkammer habt, steht es Euch frei, jederzeit nach eigenem Ermessen goldwerte Worte und brillante Formulierungen an Eure Freunde und Verwandten zu verteilen.

200 Punkte:
Fürst /-in der Sprache

Euch ist das Unmögliche gelungen! Graf Henry geht vor Euch in die Knie. Demütig überreicht er Euch sein Schwert: Ab sofort sollt Ihr an seiner statt das Land regieren und Euch einen wahren Fürsten der Sprache nennen dürfen. Graf Henry nimmt sich Euer Pferd und reitet von dannen – irgendwohin, wo ihn keiner kennt und niemand je von seiner Schmach erfahren wird.

Alle Bastian-Sick-Titel

 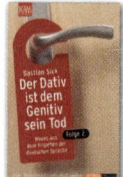  

Leseproben und mehr unter www.kiwi-verlag.de